大学生职业生涯规划与素质能力提升研究

李爱骥　著

中国商业出版社

图书在版编目（CIP）数据

大学生职业生涯规划与素质能力提升研究 / 李爱骥著. -- 北京 : 中国商业出版社, 2023.8
ISBN 978-7-5208-2584-9

Ⅰ. ①大… Ⅱ. ①李… Ⅲ. ①大学生 - 职业选择 Ⅳ. ①G647.38

中国国家版本馆CIP数据核字（2023）第153401号

责任编辑：许启民
策划编辑：武维胜

中国商业出版社出版发行
（www.zgsycb.com　100053　北京广安门内报国寺1号）
总编室：010-63180647　编辑室：010-83128926
发行部：010-83120835/8286
新华书店经销
北京亚吉飞数码科技有限公司印刷
*
710毫米×1000毫米　16开　11印张　186千字
2023年8月第1版　2023年8月第1次印刷
定价：82.00元
* * * *
（如有印装质量问题可更换）

前言

大学生是国家宝贵的人力资源，是充满活力、勇于创新的群体，是实现中华民族伟大复兴的主力军。就业是民生之本，大学生就业始终是重要的民生问题之一，是关系到经济发展、政治稳定、社会和谐和人民群众根本利益的重大全局性问题。近年来，伴随着教育事业的发展，我国高校毕业生数量逐年增加，人才供求较为矛盾突出，出现了高校专业设置与行业布局不够匹配、职业能力与岗位胜任要求不相对称、就业意愿与区域需求不够平衡等就业结构性矛盾，大学生就业指导、职业生涯规划和素质能力提升的重要性日益凸显。

大学生职业生涯规划是集生涯规划、求职就业、创新创业等能力提升于一体的一项系统工程，对培养创新型高素质人才发挥着重要的基础作用。在就业结构性矛盾的背景下，高校要高度重视大学生职业生涯规划，支持大学生通过系统地学习职业生涯规划和就业创业知识，掌握职业规划和就业创业的方法技巧，在校期间科学制订职业生涯规划，树立正确的成才观和就业观，有针对性地提升自己的自我认知能力、职业认知能力、自主创新能力以及就业创业素养，同时还要结合所学专业规划选择今后的发展方向与成长路径，从各个方面做好应对职业生涯发展的准备，合理科学地规划自我，赢取未来。

总之，在当前的就业形势与政策背景下，加强大学生职业生涯规划对于强化大学生职业生涯规划能力，提升大学生综合能力素养，培养造就德才兼备的创新型高素质人才，同时推动大学生自我价值实现与服务国家发展战略需要相统一具有重要的现实意义。基于此，笔者特策划并撰写了《大学生职业生涯规划与素质能力提升研究》一书。

本书共包含六章内容。第一章为绪论，主要对大学毕业生“就业难”的原因进行分析，探讨大学生的职业生涯规划，同时界定职业生涯规划的内涵并介绍本书的主体思路。第二章为宏观就业形势及政策的分析与启示，结合中国经济社会发展和就业形势，系统介绍了中国就业政策的演进历程、主要内容、实施机制以及当前初步形成的经验和成效，并结合未来一段时期的发展形势，提出了进一步强化高校毕业生就业工作的建议。第三章至第六章就大学生职业生涯规划体系建设展开系统研究，分析其主要构成要素如职业认知能力、自我认知能力、生涯规划能力、求职就业能力和创新创业能力等，并深入探讨各要素的具体提升内容和提升路径。其中，第三章为大学生职业认知与自我认知，在介绍职业内涵与环境的基础上，分析了未来职业的发展走向，探讨了大学生的自我认知与职业选择。第四章对大学生职业生涯规划能力与提升展开探讨，包括确定职业目标、制订职业生涯规划、撰写职业生涯规划书以及实施等。第五章对大学生求职就业能力与提升展开探讨，包括大学生的就业权益与法律保障、大学生的就业准备与就业技巧、大学生的就业路径探索。第六章对大学生创新创业能力与提升展开探讨，界定了大学生创新创业的基本概念，分析了大学生创新创业能力提升的内容，探讨了大学生创新创业能力提升的路径。

本书以传授职业生涯规划的基本知识与技巧为出发点，旨在不断提升大学生职业能力，引导大学生了解职业生涯规划的意义，树立正确的职业观念，掌握职业生涯规划的方法和步骤，设计科学合理的职业生涯规划；了解大学生就业的方针政策和导向，树立正确的择业观念，掌握求职技巧，在激烈的竞争中树立优势，成功就业；培养大学生的创业意识与创新素养，开阔大学生视野，提升大学生的创新创业能力。整体来说，本书结构编排合理，内容丰富翔实，语言通俗易懂，集实用性、指导性、操作性于一体。

本书在撰写过程中，参考和借鉴了职业生涯规划、就业指导与创新创业方面的大量文献资料，在此对相关作者表示诚挚的谢意。由于作者水平有限，书中不足之处在所难免，敬请批评指正，以待我们在修订中不断完善。

作　者

2023年3月

目 录

第一章 绪论……1

第二章 宏观就业形势及政策的分析与启示……7

第一节 我国就业总体形势与面临挑战……8
第二节 我国就业政策的演进……18
第三节 我国就业政策的经验与成效……22
第四节 新形势下的机遇、挑战与启示……29

第三章 大学生职业认知与自我认知……37

第一节 职业的内涵与环境……37
第二节 未来职业的发展走向……43
第三节 大学生自我认知与职业选择……46

第四章 大学生职业生涯规划能力与提升……61

第一节 大学生职业生涯规划概述……61
第二节 确定职业目标……73
第三节 制订职业生涯规划……81
第四节 撰写职业生涯规划书……88
第五节 大学生职业生涯规划的实施……90

第五章　大学生求职就业能力与提升……………………………………………93

第一节　大学生的就业权益与法律保障…………………………………… 93
第二节　大学生的就业准备与就业技巧……………………………………101
第三节　大学生的就业路径探索 ……………………………………………113

第六章　大学生创新创业能力与提升 ………………………………………117

第一节　大学生创新创业基本概念分析……………………………………117
第二节　大学生创新创业能力提升的内容…………………………………134
第三节　大学生创新创业能力提升的路径…………………………………162

参考文献………………………………………………………………………166

第一章　绪论

随着社会经济和高等教育的不断发展，我国大学生人数逐年增加，由此而引发的大学生就业难的问题也日益突出，大学生就业难问题受到社会的普遍关注。除了总量方面的因素之外，结构性矛盾是造成大学生就业难的重要原因。因人口结构变化和产业结构不协调，大学生“就业难”和企业“招工难”并存的就业结构性矛盾将长期存在，如何促进大学生就业、缓解就业结构性矛盾是“十四五”期间就业工作的重点难点。

近年来，在就业结构性矛盾、经济增速放缓和大学生人数持续增加因素的影响下，大学生就业率呈现下降趋势，尤其是本科大学生就业率下降趋势明显。麦可思研究院的调查数据显示，本科大学生毕业半年后的就业率从2015届的93.4%逐年下降至2022届的87.8%。尽管在经济复苏的带动下，市场对应届大学生的招聘行情明显回暖，但大学生的就业总量压力依然很大，全国城镇16~24岁青年调查失业率居高不下。现阶段，大学生“就业难”的原因主要包括以下五个方面。

一是大学生就业总量压力增大。近年来，随着高校扩招政策的实施，应届大学生规模快速增长。目前，我国大学生人数已经由2004年的280万人增加至2023年的1158万人，是2004年的4.1倍。再加上留学回国人员和往届未就业大学生，求职毕业生存量、增量叠加，劳动力市场上需要求职的大学生人数将再创新高，总量压力明显加大。而在需求方面，受多年新冠疫情和更趋复杂严峻的外部环境影响，国内经济恢复仍然不稳固、不均衡，当前我国经济发展面临需求收缩、供给冲击、预期转弱三重压力，用人单位需求比前几年有一定幅度减少，小微企业的招聘意愿有所下滑。近年来，教育、互联网平台、地产、汽车等一些原吸纳大学生就业规模较大的部分行业企业招聘需求出现下降，中小微企业作为市场就业主渠道，校招意愿不强，导致大学生就业总量供需矛盾增大。

二是产业结构调整缓慢，与劳动力供给不协调。企业“招工难”问题引起人们关注始于21世纪初，主要出现在珠三角、长三角、闽东南、浙东南等劳动密集型产业集聚地区。21世纪初实施高校扩招政策后，城市初、高中毕业后未升学学生大幅减少，劳动密集型一线就业岗位短缺主要由农村转移劳动力来补充。同时，随着农村劳动力从“无限供给”转为“有限剩余”，加上乡村振兴战略实施下更多的农民工返乡创业就业，外出就业农民工数量减少。这两部分劳动力供给变化，使得部分行业企业招工难问题日益突出，劳动力市场上招聘岗位数量大于求职人数。之后，逐步扩展到中西部地区，湖南、四川、安徽、山东等劳务输出大省也开始相继出现用工短缺问题，并在全国范围内上演。我国虽然处于产业结构调整和升级阶段，但调整速度缓慢，产业结构不合理和落后问题依然普遍存在。无论是在制造产业还是服务行业，劳动密集型低端行业比重大，对低端劳动力需求大，企业招工难和用工荒也主要集中在这些领域。国家统计局最近做的一项包括9万多家规模以上工业企业的调查显示，将招工难视为企业最大问题的企业比例高达44%，创近几年来新高。与此同时，受企业低成本不合理的招聘用人管理模式、企业转型升级对高技能劳动力需求的增加以及零工经济等新型就业对传统行业就业的虹吸效应等因素影响，劳动密集型企业尤其制造企业一线岗位工人和技能工人短缺的问题愈加突出。而此类岗位或收入报酬、劳动条件、劳动强度对高校毕业生不具有吸引力，或高校毕业生的工作技能也不满足企业要求，出现了供求错位。尽管大学生就业越来越难，相对冗余的大学生并不会自动填补劳动密集型企业一线岗位，企业对技能人才的要求又越来越高，最终出现大学生就业难和企业招工难长期并存的现象。

三是大学生就业能力和市场需求不匹配。首先，高校的人才培养模式与社会接轨不够紧密。目前，高校侧重于传授理论知识，对实践能力锻炼重视不够，培养的学术型、研究型人才偏多，应用型、技能型人才偏少。而社会对学术型人才的需求都是有限的，更需要实践能力强的技术人才，技术人才短缺是企业招工难的主要方面。大学生就业“高不成、低不就”导致就业结构性矛盾突出。其次，高校专业设置和社会经济发展不相适应，学生所学非用人单位所需。目前还没建立起行业人才需求预测机制，许多地方高校对市场需求信息跟踪分析意识落后，专业设置滞后于产业结构调整和市场需求变化。一些多年就业“红牌”和“黄牌”的专业还在大量招生，造成一些专业学生毕业即失业。最后，连续多年的扩招和高校严进宽出的管理制度，导致高校毕业生的整体素质和能力较之前下滑。

四是大学生就业期望和市场需求不一致。从求职期望看，大学生对就业城市、行业、单位类型、薪酬等方面的期望与劳动力市场实际能够提供的招聘需求之间存在较大差距。例如，BOSS直聘研究院的《2021应届生就业趋势报告》显示，在行业选择上，2021年毕业生最关注的前五大行业分别为信息传输、软件和信息技术服务业（17.7%），批发和零售业（17.2%），教育行业（12.9%），租赁和商务服务业（12.5%），科学研究和技术服务业（9.0%），而春招季应届生招聘规模同比增幅最快的行业为新能源/环保、农林牧渔、公共管理、社会保障和社会组织，增幅分别达到225%、115%、104%。前程无忧发布的《2021中国重点大学应届毕业生求职状况报告》显示，2021届毕业生月薪超万元的期望比例（36%）和实际比例（15%）相差21个百分点。此外，“工作地点”成为大学生求职越来越重要的一个考量，2021年毕业生认为就业“工作地点”很重要的占比达到74%。高校毕业生求职集中在一线、准一线和二线城市，三线、四线城市的求职人数相对较少。智联招聘发布的2021年三、四季度大学生就业景气指数呈现出新一线、一线、二线和三线城市依次递增的趋势，三线城市的就业机会明显高于其他城市。

五是大学生就业求稳心态加剧。大学生求职心态更加求稳，倾向于报考公务员，选择事业单位、国有企业和民营行业龙头企业。智联招聘《2021大学生就业力报告》显示，29.8%的被调研应届毕业生认为“大环境不好、求稳更重要”，比上年增加10.3个百分点。42.5%和11.4%的毕业生认为国有企业、国家机关是求职的首选，分别比上年增加6.6和5.8个百分点。前程无忧的《2021中国重点大学应届毕业生求职状况报告》显示，39%的受访大学生最青睐国有企业就业，高于2019年（29%）和2020年（35%）的这一调查数据。北京大学“全国高校毕业生就业状况调查”结果显示，近一半大学生入职体制内单位。近年来研究生和国家公务员报考人数的急剧增加，也说明了大学生就业更加求稳。2021年研究生报考人数再创历史新高，比上年增加10.6%，报录比从5年前的3：1逐步扩大到现在的接近4：1。2022年度国家公务员招考中通过资格审查人数与录用计划数之比达到68：1，高于2021年54.5：1的招录比。①

在此背景下，大学生的职业生涯规划也受到了越来越多的关注。职业生涯规划理论产生于20世纪初的美国，以1908年美国学者弗兰克·帕森斯在波士顿建立职业局为标志。其产生主要有两大背景因素：一是随着工业化和城市化进程的加剧，产业结构转型导致职业结构发生了显著的变化，而接受义务教育后的青少年难以迅速适应这种变化，需要予以指导；二是随着心理测试技术的不断发展，为职业指导提供了理论基础与方法论依据。随后，世界其他国家也先后建立了职业指导制度，该制度在促进高校毕业生就业方面起到了非常重要的作用。职业生涯规划发展到今天，其概念内涵不断扩展，由最早以实现就业为目标的指导，发展为对整个职业生涯的关注。具体而言，职业生涯规划是指围绕职业发展的整个过程，为劳动者提供的关于求职、就业、职业发展、创业等方面的指导辅导以及咨询等服务。职业生涯规划概念内涵不断丰富，被赋予了更加广泛的含义，对于大学生群体而言，具体包括职业认知和自我认知开发、职业诊断、职业生涯规划、求职就业咨询、创新创业指导以及与之相关的一系列职业生涯规划功能等。

但是从目前来看，我国对于大学生的职业生涯规划和就业指导工作还没有完全到位，学校教育在帮助大学生获取职业信息、形成正确的择业观方面的主渠道作用还没有真正发挥出来，在职业生涯规划和就业指导方面人力和物力的投入十分有限，缺乏充足的专业职业生涯规划和就业指导人员和系统的指导课程。另外，社会对于大学生职业生涯规划和就业指导的作用更是非

① 莫荣. 如何促进高校毕业生就业缓解就业结构性矛盾[J]. 中国党政干部论坛，2022（03）：59-63.

常有限，导致指导工作并没有能够取得预期的效果。在当前就业形势与政策背景下，研究大学生的职业生涯规划问题，对于提升大学生就业能力、树立正确的就业观念以及提升就业质量具有非常重要的意义。本书结合中国经济社会发展和就业形势，系统介绍了中国就业政策的演进历程、主要内容、实施机制以及当前初步形成的经验和成效，并得出对我国大学毕业生就业工作和职业生涯规划的启示。在提出开展大学生职业生涯规划的针对性建议基础上，通过系统分析大学生职业认知与自我认知，介绍职业内涵与环境以及分析未来职业的发展走向，探讨大学生职业生涯规划的内涵、基本理论、影响因素与意义，系统分析大学生职业生涯规划能力、求职就业能力、创新创业能力的提升路径，进而为当前大学生职业生涯规划提供模式借鉴和选择。

第二章　宏观就业形势及政策的分析与启示

我国政府高度重视就业问题，多年来采取了一系列促进就业的政策。2010年，中共中央发布了《中共中央关于制定国民经济和社会发展第十二个五年规划的建议》，强调了坚持把促进就业放在经济社会发展的优先位置，首次提出就业优先战略。在党的十八大和十九大报告中，都强调了就业的关键作用，以及实施就业优先战略和积极就业政策的重要性。《2019年政府工作报告》首次将就业优先政策置于宏观经济政策层面，而《2020年政府工作报告》进一步提出了“强化就业优先政策”。就业优先战略和政策的概念和要求在国家治理中越来越具体，表明中国致力于以人为本的发展，促进就业的宏观经济政策从“保增长、稳就业”转向“保就业、稳民生”。我国“十四五”规划（2021—2025年）进一步强调了就业优先政策的重要性，今后几年相信还会制定更加具体的实施机制和措施。

第一节　我国就业总体形势与面临挑战

解决好就业问题成为民生工作的重要任务之一，是“六稳”“六保”之首，是维持社会稳定、促进经济增长、检验工作成绩的基准。更充分更高质量就业既是劳动者的自然需要，也是经济社会发展的客观要求。党的十九届四中全会明确提出“健全有利于更充分更高质量就业的促进机制”，为就业工作推动制度完善提供了根本遵循。我国政府历来高度重视就业工作，2019年将就业优先政策提升到宏观政策层面，并出台了一系列稳就业、促就业的政策措施，确保了就业形势总体稳定，城镇就业规模持续扩大，就业结构不断优化，工资收入、就业环境、劳动关系、社会保障等方面也呈现出积极向好发展趋势，就业质量不断提升，为经济持续健康发展、社会大局稳定、人民生活持续改善提供了重要保障。

一、我国就业总体形势

（一）就业形势总体稳定，就业结构不断优化

受益于经济的快速发展和积极的就业政策，我国的就业形势总体稳定，就业规模不断扩大，就业结构逐步优化。

1.就业形势总体稳定

党的二十大以来，党中央、国务院高度重视就业问题，并将就业优先政策置于宏观政策层面，采取多种措施积极促进就业，同时加强了对失业的调控力度，确保了就业形势的总体稳定，为营造和谐稳定的社会环境，推动经济社会持续、稳定、健康发展发挥了重要作用。从失业状况看，近年来失业总体保持在较低水平运行，调查失业率基本保持在5.5%以下。与世界其他国家和地区相比，我国城镇地区失业率水平既低于全球平均水平，也低于发

展中国家和地区的平均水平。

2.就业结构逐步优化

随着产业结构的优化调整以及工业化、城镇化水平的提高，我国的就业结构也将发生重大变化。一是从产业比重来看，三次产业就业人员比重逐步转变，第一产业就业的比重在不断下降，第二、三产业就业的比重在不断上升，其中第三产业就业比重上升速度较快，超过第一产业成为就业人数最多的产业。二是从城乡结构来看，城镇就业人员保持较快增长，而乡村就业人员总数则呈现逐年下降趋势。因此，可以看出，就业的产业结构和城乡结构都发生了变化，符合世界各国工业化进程的一般规律。

3.重点群体就业保持稳定，高校毕业生总体就业率保持较高水平

2016—2023年，全国高校毕业生分别达到765万人、795万人、820万人、834万人、874万人、909万人、1076万人、1158万人，在毕业生人数持续保持增长的情况下，高校毕业生就业率和就业水平始终保持相对稳定。

4.市场供求维持动态平衡

在国内外宏观经济环境不确定和不稳定因素增多的影响下，劳动力市场岗位供给和求职人数仍始终保持动态平衡。

（二）就业环境日益改善，服务体系不断健全

我国一直致力于构建良好的就业环境，不断推进人力资源市场化、完善公共就业服务体系、发展人力资源服务业，就业服务水平逐步提高，统一开放、竞争有序的人力资源市场逐渐形成。

1.人力资源市场配置机制基本形成

市场经济体制下，解决就业问题和人力资源优化合理配置主要依靠市场机制实现。改革开放以来，我国逐步改革固定用工制度、社会保障制度、户籍制度、高校毕业生分配制度，劳动者自由流动和自主择业的社会环境日益改善，市场机制在人力资源配置中发挥了重要的基础性作用，极大地提高了人力资源配置的效率和水平。同时，市场机制也促进了劳动者跨地区、跨部门的流动。并且随着中西部地区开发的不断深入，人口流向由向东南沿海的单向集中转变为多地区的多向集中转变，新增城市人口主要集中在国家重点

培育的城市群和城镇化地区。

2.公共就业服务体系日益完善

我国已初步构建了覆盖中央、省、市、县（区）、街道（乡镇）、社区（行政村）五级管理、六级服务的公共就业和人才服务网络，基层就业设施建设不断推进。面向城乡全体劳动者的全方位公共就业服务体系进一步健全，公共就业服务机构免费提供的服务项目惠及所有求职者。

3.人力资源服务业发展迅速

近年来，全国人力资源服务机构的总量不断增加，结构不断优化，目前已经形成以政府公共就业和人才服务机构为基础，国有服务企业、民营服务企业和中外合资服务企业共同发展的格局。[①]同时，各类人力资源服务机构的服务能力、服务手段、服务规模都较以往有了显著提升，有力满足了人力资源市场日益增长的服务需求。人力资源服务的内容也日益丰富，涵盖了政策咨询、求职招聘、劳动人事代理、就业指导、职业培训、创业指导、社会保障、劳务派遣、人才测评、人才搜寻、管理咨询和服务外包等多种业务，已经形成了较为完善的服务产业链。

（三）劳动收入稳步增长，最低工资标准显著提高

增加劳动者收入不仅是提高就业质量的重要内容，也是调整经济结构、转变发展方式、实现高质量经济增长的重要手段。党的十八大、十九大、二十大以来，中央高度重视工资收入分配工作，破樊篱、促公平，工资收入分配领域系列改革稳步推进，将提高劳动者报酬在初次分配中的比重作为合理调整工资收入分配关系的政策着力点，不断提高最低工资标准，建立健全工资正常增长机制，使职工平均工资水平保持较快增长。

1.劳动工资收入稳步提升

近年来我国各类人员的收入水平都有所提高，实现了稳步增长。城镇非私营单位从业人员工资水平不断增长，年平均工资从2012年的46769元提高

① 2019年度人力资源和社会保障事业发展统计公报。

到2022年的114029元。城镇私营单位从业人员工资水平提高，年平均工资从2012年的28752元增加到2022年的65237元。

2.城乡及地区收入差距逐步缩小

国民收入分配格局有所优化，居民可支配收入在GDP中比重和劳动报酬在初次分配中的比重均有所提高，城乡、地区和行业工资收入差距呈现缩小趋势。工资收入分配秩序逐步规范，治理拖欠工资取得新进展；深入开展国有企业内外工资收入监督检查，查处违规超提超发工资、滥发工资外收入等行为。

3.最低工资标准不断提高

自从2003年12月30日，《最低工资规定》正式颁布以来，所有省、自治区、直辖市人民政府都正式颁布并实施了当地最低工资保障制度。随着经济的发展和物价的上涨，各地政府部门也多次提高了最低工资标准。

4.劳动关系调整机制逐步健全，劳动关系更加和谐稳定

近年来，我国政府逐步建立和完善劳动关系的法律法规，劳动关系调整机制逐步健全，对构建和谐的劳动关系提供了制度保障。劳动关系协调机制逐步完善，具体体现在企业劳动合同和集体合同签订率大幅提高，劳动人事争议调解仲裁与监察工作成绩突出。

二、就业结构性矛盾及其成因

就业是最大的民生，就业结构性矛盾已成为就业领域的主要矛盾。总体来看，结构性矛盾的产生主要是由于需求与供给之间的不匹配导致的，就业结构性矛盾也是由于对劳动力供求关系的影响而产生的，归纳起来，主要包括以下几方面的原因（见图2-1）。

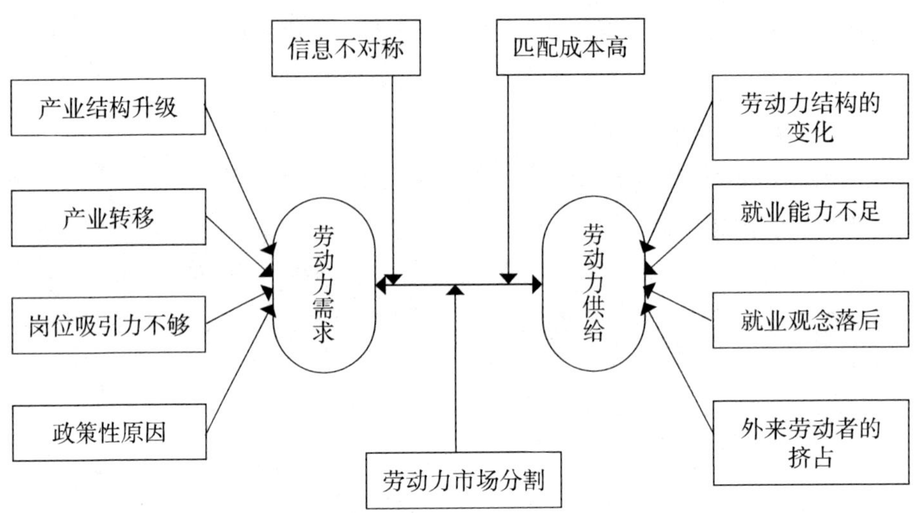

图2-1 就业结构性矛盾的成因

（一）劳动力需求方面的原因

1.产业结构升级

就业结构性矛盾往往发生在产业结构调整的时期，这也是造成就业结构性矛盾出现的最重要因素。产业结构升级对就业的影响主要来自两个方面：一方面，由于传统行业的衰退，造成大量失业人员的涌现，而这些人员如果无法及时满足产业发展的新需求，则必然会造成长期失业的加剧，再就业将更加困难；另一方面，产业结构调整必然会催生出一些新兴产业以及全新的岗位，现有劳动力一时无法满足产业转型需要，导致结构性矛盾的出现。

2.产业转移

产业转移是造成区域性结构性矛盾的重要影响因素，产业转移意味着劳动力需求与供给结构的打破，如果劳动力不能随着产业同步转移，必然会导致地区性结构性矛盾的出现，一方面会导致原地区劳动力供大于求，另一方面在新的转移地出现劳动力供给不足的情况。导致产业转移的因素是多元的，既有政策性的原因，如某些大中型城市有意识地将一些不适合在城市发展的产业外迁；又有企业自身的原因，如当地生产成本过高，被迫转移到其他地区，在全球化的今天，这种转移更加频繁和常态化。

3.岗位吸引力不够

导致空缺岗位难以找到适合劳动力的原因可能是劳动力难以满足岗位需求，但也可能是岗位本身的条件、待遇等方面难以满足劳动者的需要。这些岗位主要是一些劳动力市场中相对比较低端的岗位，这些岗位在劳动力无限供给的情况下招工比较容易，而随着劳动力供求结构的平衡、劳动者议价能力的提升，招工将变得越来越困难。导致岗位吸引力不足的因素除了岗位本身待遇条件有限外，还有与当地生活成本等有很大的关系，这也是很多发达地区低端岗位更难招到合适人员的重要原因。

4.政策性原因

政策性原因在分析就业结构性矛盾的实践中往往容易被忽视，因为很少有人将各种政策与劳动力市场的效果联系起来。但是在理论研究中，学者们发现很多政策其实对就业都有着直接或间接的影响，并且影响效果十分明显。从我们前面分析的情况来看，产业政策、税收政策、最低工资政策、失业保险政策、就业保护政策等，都可能会造成就业的结构性矛盾问题。这也提醒政策制定者在制定政策时需要多方位考量政策效果，以免造成只关注政策的片面效果而引发其他问题。

（二）劳动力供给方面的原因

1.劳动力结构的变化

从源头上来看，就业人口自身的结构性变化最终催生了就业的结构性矛盾。首先，就年龄层次来看，由于人口高出生率以及机械增长，使就业人口在各个年龄段的分布不均匀，集中年龄段的失业风险增加。其次，就性别来看，就业机会对男女劳动力而言是不均衡的，相对而言女性失业率更高。再次，就人口的地区分布来看，资本密集区有劳动需求，而人口密集区有富余劳动力供给，如果二者出现地理分布差距，就容易出现地区性的就业结构性矛盾。最后，就人口素质来看，低素质劳动力的就业风险更高，因此在低素质劳动力较多的就业人口中，社会实际所需的劳动力小于能够供给的劳动力。

2.就业能力不足

劳动者就业能力不足是造成就业结构性矛盾的另一个重要原因，缺乏就业能力必然导致劳动者无法匹配到相应的岗位上。导致劳动者就业能力不足的原因是多方面的。首先，教育发展与产业需求不匹配，会影响劳动者的就业能力。这也是世界各国普遍存在的一个问题，由于教育体系的设立并不是以就业为导向，并且缺乏及时的调整机制，导致很多青年人毕业即面临失业。其次，职业培训体系不健全导致就业能力提升缓慢。职业培训被认为是解决结构性矛盾的一项重要手段，但是无论是政府组织的培训还是社会机构组织的培训都很难及时跟上产业发展的速度，加之培训师资、教材、手段等落后，导致就业能力提升缓慢。最后，随着产业升级速度的不断加快，受到影响的往往是就业能力较差的人员，这部分人员的培训和再就业都比较困难。

3.就业观念落后

就业观念落后、不愿意到空缺岗位上工作，也是就业结构性矛盾的一大特点。就业意愿降低既有岗位本身吸引力不足的原因，也有劳动者自身择业观念的因素。因此，转变就业观念也是有效处理就业结构性矛盾的一项非常重要的措施。

4.外来劳动者的挤占

外来劳动者的挤占效应会加剧某一国家或地区的失业，外来劳动者的大量涌入，虽然对发展当地经济起到了积极作用，但是也不可避免地对当地劳动者产生了就业排挤效应。与本地劳动者相比，外来劳动者要么技能水平较高，要么愿意接受更低收入的工作，企业在某些情况下会更愿意雇用外来劳动者。这种情况往往出现在比较发达的国家或地区，本地劳动者又不愿意向外转移，造成长期的失业。

（三）劳动力供求不匹配的原因

1.信息不对称

职业搜寻理论认为，信息不对称是导致劳动力供求不匹配、结构性失业的一个重要原因。尽管随着信息技术的不断发展、公共就业服务水平的不断提升，但是仍无法做到供求信息的完美匹配。一方面，随着产业调整速度的不断加快，很多新岗位应运而生，劳动者对新岗位无所适从，或者不愿意接受新岗位的工作；另一方面，受搜寻手段、信息覆盖网络等方面的限制，劳动力供求之间的信息渠道仍然不够畅通，在一定程度上造成了“招工难”和“就业难”并存的局面。

2.匹配成本高

匹配成本过高，也会限制劳动力供求的匹配，造成就业结构性矛盾的出现。其中最明显的一项成本就是区域间的迁移成本，劳动者就业不仅需要考虑岗位所能提供给自己的收入，还要考虑就业的生活成本、迁移的费用、机会成本的损失等，如果成本过高，劳动者宁可以失业状态继续寻找就业机会，也不愿意去就业。对企业而言也是如此，如前所述的产业转移，往往是由于当地劳动者人工成本过高而选择转移。

3.劳动力市场分割

关于劳动力市场分割的研究由来已久，也正是由于各种形式的分割，造成了劳动力供求双方之间的障碍。具体而言，劳动力市场的分割既有市场本身自然形成的，如就业条件相对较好的一级市场和就业条件较差的二级市场，又有人为因素造成的，还有制度性因素导致的，包括体制性分割、政策性分割等。无论是哪种形式的分割，必然会限制劳动力的自由流动，从而在一定程度上造成结构性失业问题的出现。

三、我国当前就业面临的问题与挑战

我国就业形势总体稳定，但是在新的发展阶段，受经济社会总体形势变化影响，劳动就业领域还存在一些突出问题。

（一）就业总量压力依然较大

尽管劳动年龄人口数量自2012年开始连续下降，劳动力供给增速趋缓，总量压力相对缓解，但仍然高位持压，高校毕业生数量仍处于增长态势，毕业季大规模进入劳动力市场造成的集中冲击不容忽视。经济增速放缓，经济发展中的不稳定、不确定因素增多，对就业的拉动作用有所放缓，稳定和扩大就业面临较大压力。产业转型升级、新技术革命、化解产能过剩等对就业的影响仍然持续，对劳动力市场形成的冲击，最终需要较长时期才能建立起新的供需平衡状态，在一定时期内失业人员、新成长劳动力和转移劳动力的就业问题会比较突出。

（二）就业结构性矛盾比较突出

我国劳动力供需矛盾已经从过去劳动力供大于求的总量矛盾逐步转变为供需匹配的结构性矛盾，出现“招工难”和“就业难”并存的现象。当前就业结构性矛盾具体表现为：一是劳动者技能素质与现代产业发展要求不适应，经济增速放缓、产业结构升级、机器替代劳动，对低技能劳动者的需求大大减弱，而适应产业转型升级需要的高层次研发人员、高技能工人和创新型复合型人才严重不足；二是高等教育水平和经济社会发展水平不适应，高校毕业生就业问题日益突出，一些新兴发展行业所需专业人才供不应求，而一些专业人才过剩明显，造成这些专业的毕业生在求职道路上四处碰壁；三是区域产业布局和当地人力资源状况不适应，区域人力资源分布不均衡，劳动者更多集中到发达地区、大城市就业，导致人才的“马太效应”愈加显现，地区差距不断拉大；四是就业流向与产业结构性需求不适应，新生代劳动者就业期望上的改变，导致其职业选择也发生了变化，加之新业态的兴起为新生代劳动者就业提供了更广阔的空间。很多人更加追求灵活自由，大量涌入现代服务业，不愿意从事相对枯燥、辛苦的制造业、建筑业，导致人才在行业中的分布不均衡。

（三）就业环境有待改善

随着经济社会的发展，尽管劳动力市场在政府的培育和引导下有了长足发展，发挥了配置劳动力资源的基础性作用，但要让其在配置劳动力资源中发挥决定性作用还需要进一步深化改革，消除阻碍劳动力市场发挥作用的因素。劳动力市场中劳动者及劳方组织、企业及企业组织的主体地位有待进一步确立。劳动力市场城乡、城市内部、行业、地区、身份分割问题依旧突出。收入分配差距扩大使得市场供求结构失衡。社会保障水平总体偏低，城乡二元化的社会保险制度严重阻碍了劳动力在城乡之间的流动，社会保险统筹层次较低，城乡之间、地区之间社会保障制度发展不平衡。劳动力市场中就业歧视现在仍然存在，户籍、年龄、性别、学历等不合理限制阻碍了部分群体平等就业。

（四）就业质量需进一步提升

近年来，随着《就业促进法》《劳动合同法》《劳动争议调解仲裁法》等法律法规的出台，中国劳动者就业质量显著提升，但受经济社会形势变化的影响，在收入、工时、劳动关系、权益保障等方面仍存在一定不足。一是部分劳动者收入水平相对较低。从单位类型方面，城镇私营单位就业人员平均工资依然较低，差距有所扩大。二是超时工作问题比较突出。中国城镇就业人员周平均工作时间超过40小时的比重仍然较高。三是劳动关系矛盾呈现新情况、新特点。从争议内容来看，因企业不与职工签订劳动合同、侵害职工劳动报酬权益、欠缴或不足额缴纳社会保险费等引发的权利争议高位运行，因职工要求增加工资、改善劳动条件，以及职工因企业搬迁、改组、裁员索要经济补偿或提高经济补偿金等问题引发的利益争议数量有所上升。四是新型用工方式的劳动权益保护问题凸显。虽然新经济形态日渐成为扩大就业的重要渠道，但也带来了一些潜在矛盾和现实问题，如平台经济发展存在隐患、从业人员职业发展不稳定性突出；职业生涯碎片化、工作与生活界限模糊；权益义务的法律关系不清晰；从业者劳动保障面临诸多困扰，社会保障水平偏低；等等。

第二节　我国就业政策的演进

2012年以来，就业优先战略得到了丰富和拓展，取得了新定位。就业优先战略与宏观经济政策协调配合，实现经济发展与扩大就业良性互动。2018年，中央经济工作会议提出“实施就业优先政策”；2019年，《政府工作报告》首次将就业优先政策置于宏观政策层面，随后就业优先政策全面发力，提出了“六稳”“六保”举措。面对新冠疫情，2020年《政府工作报告》明确提出，强化就业优先政策的要求，财政、货币和投资等政策要聚力支持稳就业，促就业举措要应出尽出，开拓岗位办法要能用尽用。由此，中国就业优先战略与政策的内涵不断丰富，在促进就业方面的作用日益凸显，从其发展历程来看，可以划分为几个主要阶段。

一、全面发展阶段（2012—2018年）

2012年以后，中国经济增速放缓，经济发展进入新常态。与此同时，劳动年龄人口总量进入负增长时代，农村富余劳动力转移速度趋缓，劳动力供给总量逐年减少。在经济增长由高速转为中高速的情况下，劳动力供求关系保持平稳，长期以来的就业总量压力有所缓解，但受产业结构调整、供给侧改革、技术进步等多种因素影响，就业结构性矛盾日益突出，“招工难”和“就业难”问题并存，劳动者技能素质与市场需求不匹配的问题日渐显现。另外，很多劳动者面临收入水平不高、工作时间较长、就业稳定性较低、劳动权益保障不足等问题，部分劳动者还面临就业质量不高的问题。面对这些新情况、新问题，我国政府不断丰富和拓展就业优先战略的内涵，就业优先战略在经济社会发展中的地位也更加凸显。

一是更加突出以人民为中心的发展思想，要求把实施就业优先战略与稳增长、促改革、调结构、惠民生紧密结合起来，让市场在人力资源配置中发挥决定性作用，以保持劳动力市场的灵活性。为了更好地发挥政府作用，加强劳动力市场制度建设，必须加大就业支持力度，统筹推进就业岗位创造和就业质量提高。

二是积极推动实现更高质量就业。党的十八大报告提出，推动实现更高质量的就业，实施就业优先战略和更加积极的就业政策，并把就业更加充分、收入分配差距缩小、社会保障全民覆盖作为全面建成小康社会的重要目标。完善劳动立法，建立健全工资集体协商制度，发挥工会保护劳动者权益的作用。在相关法律的修订中，既坚持保护劳动者权益、提高就业质量、保障基本民生，又着眼于进一步提高劳动力市场的灵活性，及时调整一些具体规定，兼顾短期劳动力利用与长期人力资本培养。

三是进一步明确了“劳动者自主就业、市场调节就业、政府促进就业和鼓励创业”的新时期就业方针。积极破除妨碍劳动力市场功能充分发挥的体制性因素，大力推动户籍制度改革，合理引导农业人口有序向城镇转移，有序推进农业转移人口市民化，以提高发展的可持续性和共享性。

四是继续把扩大就业作为经济社会发展的优先目标，将稳增长、保就业作为经济运行合理区间的下限，让就业优先战略与宏观经济政策协调配合，这既实现了多渠道扩大就业岗位，又更好地体现了就业本身的民生含义。把城镇就业增长、城镇登记失业率和城镇调查失业率等一系列劳动力市场指标作为评估宏观经济运行状况和决定政策取向的重要依据，以进一步增强宏观调控的科学性和有效性。

二、提升强化阶段（2018年12月以来）

从以GDP为重心转到以民生为重心，从高速发展转到高质量发展，就业工作作为民生之本，人力资源作为第一资源，要求必须将就业置于优先位置。面对新形势新任务，实施就业优先必须从战略总体要求具化实化到政策措施上来，面对就业供求矛盾新变化和市场诸多不确定因素，需要通过强化政策来调节市场失衡，防控重大风险。

2018年12月，中央经济工作会议提出“实施就业优先政策”，实现了就业优先战略向就业优先政策的转变。在宏观政策调节上，提出宏观政策要强化逆周期调节，继续实施积极的财政政策和稳健的货币政策，同时，提出“社会政策要强化兜底保障功能，实施就业优先政策，确保群众基本生活底线，寓管理于服务中”。这是中央首次将就业优先政策置于宏观政策层面并使之全面发力，是中央对新时期做好就业工作和完善宏观调控提出的新要求。

2019年《政府工作报告》提出：“要正确把握宏观政策取向，继续实施积极的财政政策和稳健的货币政策，实施就业优先政策，加强政策协调配合，确保经济运行在合理区间，促进经济社会持续健康发展。”《政府工作报告》同时对将就业优先政策置于宏观政策层面的目的进行了阐述，即就业优先政策要全面发力，将就业优先政策置于宏观政策层面，旨在强化各方面重视就业、支持就业的导向，强调必须把就业摆在更加突出的位置，稳增长首要是为保就业。由此，我国正式将就业优先政策置于宏观政策层面，这表明就业优先不仅是一个目标，而且还是宏观经济政策的重要组成部分，把就业稳定作为宏观经济稳定的主要内容，宏观政策的目标更加明确，目标与手段更加统一，积极就业政策也更具可操作性。

三、应对新冠肺炎疫情冲击的就业优先政策

2020年突发的新冠肺炎疫情给我国经济社会发展造成了比较严重的干扰，经济恢复和发展任务异常艰巨，保就业稳增长面临严峻挑战。面对全球疫情肆虐和我国疫情防控常态化的严峻局面，2020年《政府工作报告》明确提出要优先稳就业保民生，并对强化就业优先政策提出具体要求，即就业优先政策要全面强化。

中央在明确提出加大“六稳”工作力度的同时提出“六保”任务，并将保居民就业置于“六保”之首。在目标上，《政府工作报告》没有提出明确经济增长目标的同时，根据经济社会实际情况实事求是地调整了就业目标，

将城镇新增就业从2019年的1100万人下调到900万人，调查失业率从5.5%上调到6.0%，登记失业率从4.5%调高到5.5%。政策目标的确立调整有利于指明政策方向，积聚力量和资源，也有利于引导和稳定社会预期。在政策上，强调要实施好就业优先政策，全面落实稳就业举措，加强宏观政策调节，强化经济、社会、就业政策协调联动，并出台了一系列政策措施。

宏观政策方面，主要是采取更加积极有为的财政政策，调整财政货币政策取向，继续加大减税力度，将赤字率从2.8%提高到3.6%以上。发行1万亿抗疫特别国债，增加1.6万亿元地方政府专项债券，及时出台规模性助企纾困政策，建立财政资金直达机制，连续发布实施了7批28项减税降费政策，包括全额退还疫情防控重点保障物资生产企业增值税增量留抵税额，对疫情防控重点保障物资生产企业新购置设备允许一次性税前扣除，对受疫情影响较大的交通运输、餐饮、住宿、旅游、电影等行业企业延长亏损结转年限，免征文化事业建设费、国家电影事业发展专项资金和航空公司缴纳的民航发展基金，对疫情影响较大行业企业给予房产税、城镇土地使用税困难减免，完善出口退税，免征进出口货物港口建设费，减半征收船舶油污损害赔偿基金，扩大汽车消费的税收政策。据统计，全年新增减税降费规模超过2.6万亿元。实施更加灵活适度的稳健货币政策，充分利用各种金融工具，保持合理流动性，降低融资成本，减缓房贷压力，加强金融支持实体经济，为中小企业和个体工商户纾困解难，支持实体经济恢复发展。在金融政策方面，突出强调金融服务实体经济的作用，并创建专门工具，增加3000亿元小企业再贷款额度。加大普惠金融的力度，要求大型商业银行普惠型小微企业贷款增速高于40%，完善对小微企业的资源配置和绩效考核机制，将商业银行普惠金融的权重提升到10%以上，提高创业担保贷款额度，采取创业资金保障等措施。据统计，全年银行业累计对7.3万亿元的贷款延期还本付息，累计发放普惠小微信用贷款3.9万亿元，同比增加了1.6万亿元，共支持3228万户经营主体，比上年增加524万户。同时加快推进重大工程和基础设施建设，积极扩大内需，稳定和促进居民消费。加大外贸支持，稳外资、稳外贸，鼓励出口。

就业社保政策方面，主要政策措施围绕稳定和增加市场需求，扩大就业渠道；帮助劳动者有序流动、稳定供给，提升就业能力；优化就业服务，创新供需对接方式，提高市场匹配效率，同时加强就业兜底和失业保障，帮助劳动者应对失业风险。实施“缓减免反补”政策，援企稳岗稳就业。“缓”就是缓缴养老、失业、工伤、医疗保险费和住房公积金，“减”就是减半征收养老、失业、工伤、医疗保险费，“免”就是免收养老、失业、工伤保险费，“返”就是返还失业保险费，“补”是通过发放培训补贴、求职创业补贴、吸纳就业补贴等，支持劳动者提高技能、就业创业，鼓励企业开展培训，吸纳就业。据有关统计，至2020年10月，社保“免减缓降”政策为企业减负1.54万亿元，向608万户企业发放失业保险稳岗返还资金1042亿元，支出就业补助和专项奖补资金上千亿元。这些措施实实在在地为企业减轻了负担，稳住了就业岗位。同时，针对农民工、高校毕业生等重点群体出台了一系列专项就业支持政策，并扩大了失业保险金的支出范围，以切实保障失业人员的基本生活。加大职业技能培训力度，深入推进职业技能提升行动，实施“互联网+”职业技能培训计划，开展百日免费线上职业技能行动，创新开展以工代训。

这些政策与措施的制定出台，进一步完善了就业优先政策体系和运行机制，丰富了政策工具箱。各方面政策围绕援企、减负、稳岗、扩就业并举，努力保住市场用工主体，保住重点群体就业，稳住就业基本盘，确保就业局势总体稳定。

第三节　我国就业政策的经验与成效

我国政府将就业优先政策置于宏观政策层面，采取多种措施积极促进就业，同时加强了对失业的调控力度，确保了就业形势的总体稳定，为营造和谐稳定的社会环境，推动经济社会持续、稳定、健康发展发挥了重要作用。

一、我国就业优先政策框架与执行机制

（一）就业优先政策的基本框架

1.目标导向

从目标导向来看，要把就业效应作为评价经济社会发展成果的核心指标，在此基础上根据实现更加充分就业目标的要求确定经济发展速度。在制定社会经济发展战略、改革经济制度、制定宏观政策措施时，对预期的就业影响进行评估，如有利于就业总量目标实现，则鼓励实施。如可能导致失业率大幅攀升，则不建议实施。在制订国民经济计划时，要把就业作为社会经济发展的基本目标予以考虑。在确定经济增长方式和增长速度，以及对产业结构和产业布局进行重大调整时，都要考虑对就业的影响，以确保充分就业目标的实现。

2.发展路径

从发展路径来看，要选择有利于扩大就业的经济发展战略，将扩大就业摆在经济社会发展更加突出的位置，作为经济社会发展和调整经济结构的重要目标，实现经济增长与扩大就业的良性互动，在保持经济健康快速发展的同时，注重发展有利于增加就业含量和利用人力资源的产业和生产服务领域，通过经济增长拉动更多就业机会，切实把经济持续健康发展的过程变成促进就业持续扩大的过程，把经济结构调整的过程变成对就业拉动能力不断提高的过程。在推进经济结构调整、加快产业升级和产能新旧转换的过程中，要将劳动者权益保障和再就业摆在突出位置，以保证劳动力转移调整的平稳有序。

3.调控供给

从调控工具来看，将实施更加积极的就业政策与财政、金融、产业等政策相协调，形成促进就业的综合性经济政策体系，实行更加有利于促进就业的财政保障政策，财政公共投资向小企业和劳动密集型产业倾斜，财政支出逐步向结构性减税和民生倾斜，加大对困难群体的扶持力度；实行更加有利于促进就业的税收优惠政策，充分发挥税收优惠政策在鼓励劳动者创业和企业增加就业岗位中的作用；实行更加有利于促进就业的金融支持政策，积极鼓励和引导金融机构对劳动者创业和组织起来就业的担保贷款等金融服务；实行更加有利于促进就业和减少失业的对外贸易政策，将其对国内就业的影响作为制定、调整进出口政策、调整汇率变化以及处理贸易争端的重要依据。以此，形成促进就业的综合性经济政策体系。

4.支持措施

从支持措施来看，要按照《就业促进法》的要求，进一步强化政府在促进就业中的重要职责，即发展经济和调整产业结构、增加就业岗位、制定实施积极的就业政策、规范人力资源市场、完善就业服务、加强职业教育和培训、提供就业援助。同时，建立失业预警机制，在国内外经济形势变化对就业直接产生较大影响时及时调整经济发展政策，从源头控制失业。当全国或局部地区出现失业人群过多、过于集中时，有应急的预案和过渡性的措施，缓解就业压力，保持就业局势的基本稳定。

（二）就业优先政策的执行机制

实施就业优先政策的基本内涵是将就业优先政策置于宏观政策层面，在各项政府工作中将就业置于更加突出的位置。为了确保就业优先政策能够有序运行、有效落实，我国目前初步形成了就业优先政策的执行机制。

1.协调机构

为进一步加强对就业工作的组织领导和统筹协调，凝聚就业工作合力，更好地实施就业优先政策，2019年5月14日成立国务院就业工作领导小组，成员来自发改委、人社部、科技部、工信部、公安部、民政部、住建部、农业农村部、商务部、央行等部门，涵盖经济、金融、科技、教育等与就业相关的各个领域。具体职能是贯彻落实党中央、国务院关于就业工作的重大决策部署；统筹协调全国就业工作，研究解决就业工作重大问题；研究审议拟出台的就业工作法律法规、宏观规划和重大政策，部署实施就业工作改革创新重大事项；督促检查就业工作有关法律法规和政策措施的落实情况、各地区和各部门任务完成情况，交流推广经验；完成党中央、国务院交办的其他事项。各地也普遍建立了就业工作领导小组，形成了就业工作联系制度，确保各项就业政策能够有效落实。

2.支撑体系

为有效推动就业优先政策落实，我国不断强化政府促进就业和治理失业的职责，在相关政策文件中都明确了各项工作的责任部门。如《国务院关于做好当前和今后一段时期就业创业工作的意见》（国发〔2017〕28号）中，对“坚持实施就业优先战略”中各项工作明确的职能安排，其中“促进经济增长与扩大就业联动”由国家发改委、财政部、工信部、商务部、人民银行、税务总局等负责，“促进产业结构、区域发展与就业协同”由国家发改委、科技部、工信部、民政部、财政部、人社部、商务部、文化部、卫计委、国家旅游局等负责，“发挥小微企业就业主渠道作用”由工信部、国家发改委、教育部、科技部、财政部、税务总局、国家知识产权局等负责，“缓解重点困难地区就业压力”由国家发改委、教育部、科技部、工信部、财政部、人社部、交通运输部、商务部、全国总工会、共青团中央、全国妇联等负责。与此同时，各地政府也出台了落实就业优先政策的实施意见和行动方案，如江苏省印发《关于落实就业优先政策进一步做好稳就业工作的实施意见》（苏政发〔2020〕53号）、辽宁省印发《关于深入实施就业优先政策进一步做好稳就业工作的若干意见》（辽政发〔2020〕9号）、山东省印发《山东省实施就业优先战略行动方案》（鲁政办发〔2015〕37号）、上海制定实施就业优先四条措施等等。由此，各地区、各有关部门按照相关责任分工，结合实际，细化政策措施，抓好贯彻落实，为就业优先政策实施提供有力保障。

3.问责制度

我国不断强化政府促进就业和治理失业的职责，强化一把手亲自过问、分管领导抓好落实的责任制。人力资源社会保障、财政部共同出台了《促进就业工作先进地区激励实施办法》（财办社〔2019〕4号），对实施办法作了修订。在此基础上，两部进一步完善了促进就业工作综合评价体系，通过就业核心指标完成情况、重点群体就业情况、资金保障使用情况、其他工作完成情况和督查落实情况等指标量化评分方式，对各地促进就业工作进行综合评价。同时，将就业目标列为各级党委中心工作重要议程和人大立法执法检查重要选项，高位推动落实。自上而下建立了促进就业的目标责任制，各地党委、政府大都建立了对所属的有关部门和下一级人民政府进行考核和监督的制度，出台了具体考评办法，落实就业为民生之本的工作任务。针对就业领域的重大专项问题开展督查，如农民工工资支付情况专项检查、全国高校毕业生就业督查等，确保了各项工作的有效落实，并对于落实不力的地方督促加紧整改。

4.资金保障

各级政府按照《就业促进法》的要求，实行有利于促进就业的财政政策，加大资金投入，在财政预算和支出中重点安排就业专项资金用于促进就业工作，建立起政府财政投入的保障机制。同时，规范就业资金的使用和管理，出台明确的资金管理办法，并通过审计监督等方式，确保资金支出合理、有效利用。鼓励社会各方面对就业的投入，形成公共财政保障、社会各方面多元化投入的机制。

二、实施就业优先政策的经验

（一）将就业摆在经济社会发展的突出位置

近年来，中央始终将就业摆在经济社会发展的突出位置，将就业作为经济社会发展的优先目标，把稳增长、保就业作为经济运行合理区间的下限，以促改革、调结构、惠民生为就业保驾护航。2018年10月，习近平总书记主持召开中央政治局会议时强调：要做好稳就业、稳金融、稳外贸、稳外资、稳投资、稳预期工作。面对新冠肺炎疫情的冲击，2020年4月中央政治局会议上，习近平总书记又提出“六保”，即保居民就业、保基本民生、保市场主体、保粮食能源安全、保产业链供应链稳定、保基层运转。可以看出，无论是“六稳”还是“六保”，就业都被放在首要位置，说明中央对就业的重视程度。

（二）统筹运用宏观政策调控工具

以稳定和扩大就业为基准实施宏观调控，把就业指标作为宏观挑战取向调整的依据，推动财政、金融、投资、消费、产业等政策聚力支持就业。当就业遇到问题时，及时给予财政资金、减免税费、创业信贷、调率降准等政策支持，使积极就业政策的实施与财政、货币、产业政策的支持形成联动机制，增加市场主体活力和动能，助推新的就业增长点，扩大就业需求，强化促进创业带动就业政策，出台支持与新经济并行的新形态就业发展政策，在拓展就业的同时拉动经济增长。

（三）坚持稳定就业、扩大就业、高质量就业并举

在全社会进一步增强就业优先意识，在组织管理体制上强化政府对就业工作的领导。建立实施更加充分和更高质量就业的长效机制，列为规划核心内容和重点任务，纳入法治化、制度化轨道。探索建立政府考评制度和准确科学的统计指标，形成综合评价体系。千方百计稳定和扩大就业，坚持经济发展就业导向，促进更加充分和更高质量就业。

（四）建立健全促进就业体制机制和政策体系

完善积极的就业政策体系，健全全方位就业公共服务体系、劳动关系协调机制、终身职业技能培训制度。深化就业和人才管理体制机制改革，健全规范有序、平等竞争、城乡一体化的人力资源市场，提供全方位就业服务，统筹城乡就业政策体系和服务。健全劳动关系协调机制，落实工资、工时、休息休假、劳动安全卫生等待遇和权益，推进集体协商和集体合同立法，推进劳动保障监察立法。大力改善人力资源供给，在教育培训改革和提升就业能力上重点突破，创新运用职业培训资金和补贴政策。

（五）着力重点群体就业工作

2018年12月，习近平总书记在中央经济工作会议上明确指出："要把稳就业摆在突出位置，重点解决好高校毕业生、农民工、退役军人等群体就

业。”为了做好重点群体就业工作，我国实施高校毕业生就业创业促进计划，畅通市场化、社会化就业渠道。强化农民工就业服务、职业培训和权益维护“三位一体”工作机制，加快农民工市民化进程，支持农民工就地就近就业，助力巩固拓展脱贫攻坚成果。完善退役军人安置政策，强化针对性就业创业服务，提升退役军人就业创业能力。健全困难群体就业援助制度，提供“一对一”精细化服务，公益性岗位托底安置。

三、我国就业优先政策的成效

我国在经济增速逐步放缓的背景下，就业并没有受到明显影响，就业规模和就业率都保持了稳定的态势，调查失业率除了在新冠肺炎疫情防控期间受到影响有明显上升外，其他时间调查失业率基本保持在5.5%以下的合理范围，既低于全球平均水平，也低于发展中国家和地区的平均水平。重点群体就业保持稳定，高校毕业生总体就业率保持较高水平。近年农民工总量保持在2.8亿以上，收入水平逐年获得增长。就业困难群体得到有效帮扶，2016—2019年，累计帮扶城镇失业人员再就业2209万人，就业困难人员实现就业706万人，共帮扶15万户零就业家庭中每户至少1人就业，实现了零就业家庭动态清零。

在应对重大危机的冲击时，无论是国际金融危机还是新冠肺炎疫情，就业优先战略和政策都发挥了积极的作用。我国针对具体形势变化和面临突出问题，一方面通过财政、税收、货币等宏观政策协同发力，通过积极恢复经济来稳定和促进就业，另一方面实施积极的就业政策，通过援企稳岗、职业培训、就业服务以及重点群体就业帮扶等政策措施，确定了整体就业局势没有遭受严重破坏，各类群体就业总体稳定，并随着危机减缓和结束而迅速恢复，有效稳住了就业的基本盘。

第四节　新形势下的机遇、挑战与启示

一、机遇与挑战

从当前和今后一段时期看，目前国内疫情后形势持续向好，生产生活秩序加快恢复，宏观经济形势持续向好，劳动力市场逐步复苏，就业需求回升。特别是随着“十四五”规划出台，各项建设任务进入实施阶段，经济增速有望恢复到合理区间，经济结构将进一步优化；创新驱动的新技术、新经济、新业态加速发展，持续扩大开放和深化改革；绿色发展加快、城乡区域协调发展加力推进，将提供新的增长空间和增强抗压韧性；教育改革和大规模职业培训提升劳动者就业能力。按照“十四五”规划要求，强化就业优先政策，坚持经济发展就业导向，完善重点群体就业支持体系，统筹城乡就业政策体系，都将为稳定就业总体局势、实现更加充分和更高质量就业目标提供有利条件和有力支撑。

但同时也要看到，当前及今后一个时期就业仍面临复杂局面和诸多挑战。目前，我国经济增长基础尚不牢靠，全面复苏尚需时日，就业增长特别是扩增动力不足。在新冠肺炎疫情影响下，企业生产经营方式发生变化，产销手段也更加依托网络平台，数字技术、自动化智能化技术、无人化的生产和服务更加普遍，疫情期间的人员精减模式可能延续，并成为企业此后的正常管理和生产经营模式，企业用工需求特别是新增用工需求将进一步受到抑制。生产性服务业恢复较慢，行业恢复发展不平衡。餐饮、住宿、旅游、家政、文体、会展、航空运输等行业仍面临一些挑战。企业活跃度差异明显，中小企业产能利用率与大企业相比仍然偏低，企业预期不明确、不稳定，企业增收不增利润甚至亏本经营现象比较突出，一些长期亏损企业难免出现减员裁员。从供给看，劳动力规模总量仍处高位，新成长劳动力保持在1500万人左右。应届高校毕业生人数再创新高，达到1158万人，农村转移就业劳动力规模巨大，但外出意愿减弱。从外部环境看，境外疫情扩散，蔓延及衍生的各种次生灾害都将对全球经济产生多元冲击。产业链、资金链、贸易物流和人员流动都将受到影响，主要经济体在前期实施宽松政策的基础上，进一步实施宏观调控政策的空间受限，世界经济长期增长动能偏弱，对部分行业、地区的企业生产经营和就业产生持续影响。疫情引起或催生的技术变革社会心理文化层面因素对就业的影响也逐步显现。

总体来看，世界经济的不确定性加大，国内经济复苏面临困难，外部环境更加严峻复杂，影响就业局势从单一因素向多重因素叠加转变，从短期化向长期化转变，经济社会和就业领域的综合征将逐步显现，结构性摩擦性周期性以及政策性问题仍将相互交织，稳定、改善就业形势仍面临较大困难。

二、下一步工作重点

针对当前阶段就业领域突出问题和后疫情时期可能出现的困难和挑战，要继续坚持统筹兼顾、长短结合、相机施策、重点突出的思路原则，在已有政策基础上持续深化和落实就业优先政策，兼顾就业总量和结构平衡，实现劳动力市场高质量发展，加强劳动力供给侧改革，拓展新形势下的就业新局面。

第一，强化就业优先导向。坚持把就业作为经济社会发展的优先目标，把稳定和扩大就业放在更加突出的位置，建立能够促进就业优先的政策工具箱，采取更加积极的就业措施，着力解决结构性就业矛盾，有效应对失业风险，确保就业局势总体稳定。实施保障和促进就业创业的财政、税收与金融政策，加强宏观经济政策与就业政策的相互衔接。建立健全就业与宏观部门联动机制，明确各部门在促进就业创业中的职能，建立有效的、制度化的部门协调工作机制。建立就业影响评估机制，在制定改革发展、产业调整、社会管理等重要政策时，统筹考虑政策实施可能对就业吸纳能力、就业创业环境、就业质量、公平就业等方面产生的影响。

第二，完善经济发展与就业促进关联机制。实施有利于促进就业的产业政策，扩大就业规模，优化就业结构，提升就业质量。在制订与实施产业发展规划、政策及服务体系时，应充分考虑产业发展与劳动力资源的供需匹配程度，并要充分考虑劳动力供给结构变动带来的各种变化。加速产业结构调整升级，推进产业融合，扩大产业吸纳就业能力。构建更有利于扩大就业的现代化经济体系，持续优化营商环境。统筹发展资本密集型、技术密集型、知识密集型和劳动密集型产业，创造更充分的流动机会。支持传统服务行业改造升级，大力培育服务业新产业、新业态、新模式，加快发展现代服务业，着力提高服务效率和服务品质，营造有利于新产业、新业态发展的政策环境，完善与支持劳动者参与新产业、新业态就业创业的政策措施，引导和支持更多劳动者参与新产业、新业态下的就业创业活动。支持多渠道灵活就业，引导零工经济、地摊经济、夜间经济发展，扩大灵活就业、新就业形态空间。通过补贴或降费政策，降低企业成本负担，鼓励吸纳就业。

第三，实施更加积极的就业政策。从劳动者实际需求出发，结合调研、政策评估、大数据分析等手段，推动证据导向的政策改进，建立更加积极的就业政策体系。健全就业公共服务体系，就是要在已有基础上，针对新形势、新任务、新要求，持续打造覆盖全民、贯穿全程、辐射全域、便捷高效的全方位就业公共服务体系，以满足社会求职招聘创业等多方面的需求。更加注重缓解结构性就业矛盾，加快提升劳动者技能素质。采取更加有效的举措、更加有力的工作，分类帮扶，因人施策，全力以赴抓好重点群体就业工作。完善促进创业带动就业、多渠道灵活就业的保障制度，支持和规范发展新就业形态。这是根据新形势、新情况做出的部署，需要积极采取措施加以推进。

第四，加强多元共治，平衡劳动力市场中个体、政府、高校、企业、社会等各方主体的责任，争取多种力量共同参与。尊重市场规律，尊重企业和劳动者的市场主体地位，打破束缚劳动力流动的体制障碍，通过市场引导供求双方在更大范围内、更高层次上对接。推进简政放权，大幅减少行政审批事项，推进商事制度改革，创造公平健康的市场环境，激发创新创业活力，创造就业机会。通过出台激励政策、购买公共服务等方式，引导市场力量参与就业促进，有效发挥市场服务机构服务范围广、效率高、针对性强的优势，减少劳动者工作搜寻时间，提高劳动者就业匹配效率，帮助其实现更有效率的就业。

第五，完善就业失业监测分析系统。加强就业指标体系的研究和设计，完善指标统计口径和方法，在进一步规范就业失业统计指标的基础上，探索增加就业稳定性、劳动条件和重点群体就业等方面的分析指标，研究对非正规就业、就业新形态、创业工作的统计分析办法。结合宏观经济、行业经营和就业数据，加强就业形势研判和分析；建立完善失业监测预警机制，及时掌握监测企业人员变动情况及趋势，对当期失业状况进行分析，对失业变化趋势进行预判，及时发布预警信息，为有效采取措施防范和化解失业风险提供依据。

第六，健全就业政策考核与评估机制。进一步健全目标评估体系，并将其作为评价经济社会发展成果和解决民生问题的重要指标，以及政府绩效考核的重要指标，建立就业绩效评估体系，将重要目标任务分解至各级、各部门，加强绩效监控与考评，确保各项工作落实到位、各项指标顺利完成。完善就业政策评估体系和方法，强化对政策实施情况及效果的评估，推动以评估为依据的政策改进。

三、对我国高校毕业生就业工作的启示

高校毕业生就业是稳就业工作的重点，关系国家未来的竞争力，党中央、国务院始终高度重视高校毕业生的就业工作，习近平总书记强调“要重视高校毕业生就业工作，统筹做好毕业、招聘、考录等相关工作，让他们顺利毕业、尽早就业”。为促进高校毕业生就业，从中央到地方出台了一系列政策，政策覆盖范围、涉及内容、出台时间、扶持力度都达到前所未有的程度。在当前的就业形势下，应重点做好以下几个方面的工作。

（一）以市场化就业为导向，加强宏观调控，千方百计创造就业岗位

首先，解决就业结构性矛盾需要注重宏观经济的发展。影响劳动力需求的因素有很多，经济增长、劳动力素质、工资水平、产业结构、社会保障等

各方面因素都会对劳动力需求产生影响，其中经济增长对劳动力需求的影响，是所有宏观因素中最重要、最基本的一条。如果不能实现宏观经济的稳定增长，就不能增加就业岗位总数，最终再好的就业政策都难以保证实施效果。即使是理想的政策设计，但在宏观经济不发展的情境下，政策效果都不会显著。各级政府应坚持市场化就业导向，在高质量发展中依靠经济结构的转型调整，创造高质量就业岗位。此外，还要坚持就业优先的宏观战略，把就业放在“六稳”“六保”的首要位置，加强对高校毕业生就业的宏观调控。积极推动产业结构转型和高质量发展，大力发展新兴产业、数字经济，培育壮大先进制造业、现代农业、现代服务业，加快对传统低端制造业的提质升级，扩大专精特新企业数量，提供更多符合毕业生需求的高质量就业岗位。继续实施助企纾困稳岗措施，通过资金扶持、税费减免、贷款贴息、社保补贴、培训补贴等方式鼓励中小微企业吸纳高校毕业生。同时，校园招聘加大对中小微企业开放力度，强化对中小微企业的人力资源服务工作，对中小微企业组团打包等形式招聘进行鼓励和宣传，以提高中小微企业的社会认知度，帮助他们招聘到合适的学生，为高校毕业生找到满意的工作提供更多的机会。

（二）从供求两个方面形成合力，拓宽毕业生就业和升学渠道

继续实施研究生扩招政策，扩大专升本规模，通过政策扶持鼓励青年应征入伍，拓宽毕业生就业和升学渠道。针对2022届高校毕业生规模扩大以高职毕业生为主的特点，可鼓励更多高校毕业生继续深造学业。全力开发落实政策性岗位，开发研究助理岗，鼓励国有企业、事业单位招聘岗位优先向高校毕业生开放。加强校企合作，完善实习制度，扩大就业见习规模，锻炼并提高青年实际工作能力。鼓励企业增强社会责任感，完善人才长效管理机制，重视人才培养，增加人才储备。建议高校提前向社会发布学科专业结构、培养规模、培养情况，方便用人单位了解，有针对性招聘人才。此外，政府要扭转教育与培训的方向，实现劳动技能的匹配。市场调节存在滞后效应，经济发展与产业转型升级滞后，导致新的劳动技能需求出现，而此时的教育培训知识并未跟进，从而产生就业结构性矛盾，此时需要外在的政府力量进行矫正，以实现双方的匹配。

（三）加强职业规划和职业指导，引导调整就业观念，实现基层就业

高校要进一步加强对学生的职业规划指导，对学生进行职业兴趣、职业性格、职业能力和职业价值观等方面的测评，根据测评结果指导学生开展职业生涯规划，设立科学合理的职业目标。引导毕业生尽早认知职业世界，认清形势，进行自身精准定位，理性对待自己，摆正就业期望值，树立明确的价值目标，保持积极向上的就业心态，树立健康的择业观，积极参与求职活动。加强宣传和引导，结合当前国家正在实施的粤港澳大湾区、长江经济带、皖江经济带、成渝经济区等发展战略，引导毕业生将个人职业追求和国家发展战略相结合。加强基层公共就业服务均等化建设，推动二、三线城市挖掘城市潜力，发展城市特色，吸引毕业生到二、三线城市发展。完善财政转移支付，加大“三支一扶”政策力度，提高补贴、贷款标准，畅通人才流动通道，引导毕业生到基层、到西部、到欠发达地区就业。

（四）鼓励创新创业，支持与规范并重推动新业态就业

政府通过公共政策进行合理的分流，可以缓解就业结构性矛盾。当技能无法有效匹配、信息匹配成本太高时，此时需要进行合理的分流，政府正需要承担这一责任，如鼓励自主创业，从就业市场中分流，并重新增加就业岗位等。针对新冠疫情暴发以来，高校毕业生自主创业比例下降的现状，持续开展创业带动就业示范行动，引导鼓励高校毕业生创新创业。通过深入推进公平环境建设，优化营商环境，加强高校毕业生就业创业教育实践，便利创业融资，提高高校毕业生创业积极性和创业就业能力。支持高校毕业生返乡创业，助力乡村振兴战略，实现理想抱负。大力发展人工智能、数字经济、物联网，支持新业态、新模式发展。挖掘新业态中的就业机会，鼓励高校毕业生到战略性新兴产业、现代服务业等领域创新创业。开展新就业形态职业教育和技能培训，提升高校毕业生新业态就业的职业素质和就业能力。积极研究探索适应新就业形态发展的政策支持体系、社会保障体系，减少高校毕业生顾虑，拓宽其就业渠道。促进高校毕业生以多种形式灵活就业，完善灵

活就业人员劳动权益保护、保费缴纳、薪酬等政策制度，提高灵活工作对高校毕业生的吸引力。

（五）整合资源信息，强化精准就业服务

要建立全国性的就业服务平台，实现跨地区的劳动力资源配置，解决信息不对称问题。这种政府机构的设置增加了劳动供求双方的匹配力度，创造交易机会，而这种服务平台，仅依靠市场的力量是无法发起的。完善教育、人力资源社会保障、财政等相关部门之间的协作机制，建立国家级—省级—校级就业联盟，完善毕业生就业信息电子档案，包括个人学业信息、实习情况、兴趣爱好和职业目标等，打破就业信息壁垒，共享就业指导资源，形成全面、有效的就业大数据。整合行业资源、提供行业需求和岗位需求，打通高校毕业生就业创业的信息渠道。客观研判就业市场和各行业的人才供需趋势，做好信息传递和沟通，优化人力资源配置，减少信息不对称导致的就业机会流失。全面摸底高校毕业生就业期望，精准开展就业指导，为高校毕业生定制专属生涯发展建议报告，建立高校毕业生就业情况动态追踪机制。通过数据分析高校毕业生的个性特点和求职需求，为高校毕业生提供精准就业指导，推送高校毕业生感兴趣的岗位信息，提高岗位供需匹配效率。打造一体化的高校就业服务平台，加强高校毕业生离校前后就业数据的对接，提高数据信息的完整性和精准性，推动就业服务的精准化。加强对高校毕业生就业事业的监测，建立失业风险预警机制。

（六）以市场需求为导向，合理调整专业设置和招生规模结构，推动高校教育和产业需求相适应

从国外经验看，发达国家都非常重视通过建立人才需求预测，引导高校招生和专业设置行为。目前，国内缺乏人才需求预测体系，建议在深化高等教育改革中加强这方面的基础工作，适应经济结构调整和产业升级，加强人才需求预测，超前布局、动态调整专业设置和课程体系，将专业建设和就业工作统筹规划，以产业结构和用工需求为导向，合理调整高校招生规模和招

生结构。增加应用型人才招生比例，进一步加大对职业教育特别是技工教育的政策扶持，充分调动高校、技工院校开展职业教育的积极性。加强行业需求规划，由少及多、由粗及细，及时编制并更新行业的人才需求类型和数量，建立人才需求预测的长效机制，为高校专业设置提供支持，推动高校学科专业建设与产业转型升级相适应，形成紧密对接产业链、创新链的学科体系。高校应加强对产业调整、行业发展的敏感度，主动加强对相关产业结构变化、行业发展趋势、人才需求状况和用人标准的对接。[①]

① 莫荣. 如何促进高校毕业生就业缓解就业结构性矛盾[J]. 中国党政干部论坛，2022（03）：59-63.

第三章　大学生职业认知与自我认知

当前，职业生涯规划是大学生应该着重学习的一门课程，尤其是面临当前就业难的问题，职业生涯规划课程的意义不言而喻，而从大学生主体出发，从大学生的兴趣考虑，能够更好地发挥职业生涯规划的作用，这就是对职业的自我认知。本章就从职业认知与自我认知的角度，引导大学生发现自己的兴趣、性格、能力等方面，树立正确的职业规划观。

第一节　职业的内涵与环境

一、职业的内涵

(一) 职业的概念

“职业”反映着个人与社会两个方面的内容，是一个人与社会互动的范畴。在我国，对“职业”概念的解释，自古以来便多种多样，下面列举几种常见的。

1.职业是职务

《资治通鉴·后周太祖广顺二年》说道："李谷足跌，伤右臂，在告月馀；帝以谷职业繁剧，趣令入朝，辞以未任趋拜。"王鏊《震泽长语·官制》载道："承五代之弊，不能釐正，故台省寺监卫率之官，止以辨班列之崇卑，制廪禄之厚薄，多无职业。"陈康祺《郎潜纪闻》卷一说道："天聪十年，始改文馆为内三院，曰内国史院，曰内秘书院，曰内宏文院，均设大学士一人，各有职业。"这里的职业都是指职务。

2.职业是职分，应做之事

《国语·鲁语下》说道："昔武王克商，通道于九夷百蛮，使各以其方贿来贡，使无忘职业。"王禹偁《和杨遂贺雨》载："为霖非我事，职业唯词臣。"梁章钜《退庵随笔·官常一》也说道："士君子到一处，便思尽一处职业，方为素位而行。"这里的职业都是指应该做的事。

3.职业为官事与士、农、工、商四民之常业

《荀子·富国》说道："事业所恶也，功利所好也，职业无分，如是，则人有树事之患而有争功之祸矣。"杨倞注："职业，谓官职及四人之业也。"

4.职业是事业

石孝友《水龙吟》词说道："职业才华竞秀，汉庭臣无出其右。"无名氏《异闻总录》卷二说道："吾今为掠剩大夫，职业雄盛，无忆我。"刘祁《归潜志》卷七说道："至于百官士流，贤否皆当如家人美恶；合公望，办职业，而为国者立法，辨其才，然后进退用舍。"这里的职业都指的是事业。

可见，对于职业的概念，不同学者有着不同的看法，但综合来说，他们的看法都存在着一定的相近之处，综合起来，我们认为职业是指个人在社会中所从事的作为主要生活来源的工作，是人类个性的发挥、任务的实现和维持生活的连续性的人类活动。

（二）职业的特征

职业具有显著的特征，概括来说主要包括以下几个方面。

1.规范性

从事职业活动必须遵从一定的规范，这就是职业规范，它主要包括人们在职业活动中应遵守的各种操作规则及办事章程、职业道德规范和职业活动中养成的种种习惯。例如，对于医务工作者来说，会通过法律、行政法规、组织规章以及其他有关诊疗规范的公约、守则等来规范其医护行为，在保证患者生命安全的前提下，尽最大可能去提高生命的质量和价值。

2.技术性

俗话说“隔行如隔山”，不同的职业有不同的工作形式、性质、内容，对从业者的专业知识和技能也有着不同的要求，正是这种专业性，决定了每种职业的不可替代性。而且随着时代的发展，人们受教育的水平越来越高，社会对于每个职业的要求也越来越高，大多数职业需要从业者接受长时间的专业学习和培训，因为只有具备了专业的知识和娴熟的技能，才能胜任特定的工作。

3.经济性

从业者从事某项职业的重要目的之一就是要从中获取经济收入，这就是职业的经济性。劳动者在承担职业岗位职责并完成工作任务的过程中要索取经济报酬，既是社会、企业及用人部门对劳动者付出劳动的回报和代价，也是维持家庭和社会稳定的基础。通常情况下，个人为社会做出的贡献越大，创造的财富越多，得到的社会反馈就越大，所获得的个人收入也越多，这体现了个人对社会的付出和社会对个人的回馈之间的高度统一性。

4.连续性

职业的技术性和专业性要求大多数职业都需要经过长时间的训练，并且需要在时代的发展历程中不断地更新，因此职业是相对稳定的，从业者通过连续的职业生涯可以积累该行业的经验、技能、人脉，得到稳定的生活保障和更多职业发展及晋升的机会。但这并不表明从业者不能变动职业，而是应该在变动前慎重考虑各方面因素，建议选择有一定的“内在连续性”（内在连续性就是能够不断延续和强化之前积累的资源，如经验、技能、人脉等）的职业。

5.社会性

从业者所从事的职业是社会所必需的，是由于社会需求和社会分工而产生的，受到社会制度、政策、经济、文化等多方面的影响。人一旦从事某种职业，就相当于参与了某种社会劳动，扮演着某种社会角色，需要承担起相应的社会责任。

6.时代性

职业是时代的产物，随着社会的发展，会不断出现一些新兴产业，同时，一部分职业也逐步退出历史舞台。除此之外，每个现存的职业在不同时期也会有不同的表现形式，只有把握职业的变化，才能适应时代的要求。另外，人们所热衷的职业能够反映当时的社会风尚，而个人与时代精神的关系，也往往反映在人们的职业取向上。

7.专业性

任何职业岗位，都有相应的职责要求，要求从业人员具备一定的专业技能知识，包括较长时间专业知识的学习或技能培训。

8.稳定性

职业产生后，总是保持相对稳定，不会因为社会形态的不同和更替而改变。当然这种稳定性是相对的，随着现代化的快速发展，特别是科学技术的日新月异，促使原有职业活动产生变化，一些新的职业应时代需要而产生，原有职业或在时代的大发展中巍然挺立，或被时代的潮流湮没。

9.群体性

职业的存在常常和一定的从业人数密切相关。凡是达不到一定数量的从业人员的劳动，都不能称其为职业。更重要的是从业者由于处于同一企业、同一车间或同一部门，他们总会形成语言、习惯、利益、目的等方面的共同特征，从而使群体成员不断产生群体认同感。

二、职业环境分析

（一）职业环境分析的概念

职业环境分析是对某职业在社会大环境中的现实状况、社会需求、社会地位、经济地位、未来发展情况等展开考察的认识活动。

1.主观性

职业环境分析是主体针对某职业的认识活动，不同的主体关注的职业不同，对同一职业关注的方面也不同，有的更加关注职业的社会地位，有的更加关注职业的经济地位。因而，职业环境分析的结果具有主观性，是主体有意识筛选信息并进行分析的结果。大学生在做职业生涯规划时，要结合自身的实际情况确定目标职业，再对目标职业展开分析。

2.复杂性

随着经济的发展，社会分工的细化，我们可以选择的职业越来越丰富，也就是说，职业环境分析的对象复杂多样。除了对象的复杂多样，需要分析的指标亦是纷繁复杂，需要考虑职业的社会需求情况、社会地位情况、经济地位情况等。因而，大学生在做职业环境分析时，需要尽可能全面、深入，才能更为准确地掌握职业环境信息。

3.时代性

职业环境分析是对某职业在社会大环境中的状况的分析，社会大环境是随着时代变化发展的。随着时代的进步、科学技术的发展，现在盛行的职业，有可能在不远的将来就会没落或者消失。如，2017 年7月5日，百度公司创始人李彦宏乘坐无人驾驶汽车，在北京五环飞驰，“引爆”了国内媒体，无人驾驶热潮再次被掀起，相信在不久的未来，无人驾驶就将出现，届时与之关联的职业也都会随之减少或消失。所以职业环境分析，具有一定的时代性，需放在当下进行分析，并且还要站在时代的前沿展开分析，这样可以帮助大学生预测未来可能发生的情况，以便寻求更好的职业发展路径。

（二）职业环境因素分析

1.自然环境因素分析

自然环境，是相较于社会环境而言的，是职业环境因素中不可变的因素，如不可再生资源的存量、地理条件、气候条件等。一些职业在很大程度上受制于自然环境，如渔民、采矿工程师等。

2.家庭环境因素分析

家庭是人们生活的重要场所，人们的价值观、行为模式都会受到家庭的影响。每个人的成长环境都影响着自己的价值观和行为模式，而这些又会对人们的职业选择倾向、就业选择产生很大的影响。比如，有些大学生的父母是教师，那么很有可能他会受到家庭环境的影响在大学毕业后选择做一名教师。因此，我们在进行职业生涯规划的时候，要对家庭情况进行客观分析，在选择职业的时候要考虑家庭环境的因素。

3.政治法律因素分析

当今社会具有政治制度和法律制度，这种政治法律环境对职业选择和职业发展有重要影响。大学生在进行职业生涯规划时，要了解以下两个方面：一是政治环境因素，主要涉及国家的方针、政策、教育制度、政治体制、经济管理体制、人才流动的政策等；二是法律环境因素，指中央和地方政府的有关法律法规和有关规定。

4.经济环境因素分析

经济环境也是社会环境因素的一部分，主要包括以下四个方面。

第一，经济形势。其对职业的影响是最为明显又最为复杂的。当经济高速发展时，组织处于扩张阶段，对人力资源的需求量增加。

第二，劳动力市场供求状况。我国现在的状况是高级管理人才和高级技术人才不足，具有初级技能和无技能的劳动力供给相对充裕。

第三，收入水平因素。

第四，经济发展水平因素。

5.社会文化环境因素分析

社会文化环境包括教育条件和水平、社会文化设施等，在良好的社会文化环境中，个人能得到良好的教育和熏陶，从而为职业发展打下坚实的基础。社会文化是影响人们行为、欲望的基本因素，社会文化反映着个人的基本信念、价值观和规范的变动。我国是一个大国，社会文化的复杂性决定了个人职业选择与职业发展要考虑组织（企业）所在地的文化因素。

6.人口环境因素分析

人口环境尤其是个人所在地区的人文因素，对职业选择与职业发展具有重要的影响。在进行职业生涯规划时，要考虑以下几个方面：年龄结构、人口规模、劳动力质量和专业结构、人口的城市化、人口老龄化、人口流动。

7.行业环境因素分析

行业环境分析包括对目前所从事行业和将来想从事的目标行业的分析。分析内容包括行业的发展状况、国际国内重大事件对该行业的影响、目前行业的优势与问题、行业的发展趋势等。行业与职业不同，行业是企业的集合，从事同类产品生产销售的企业或提供类似服务的企业，只有达到一定的数量才形成一个行业。

8.企业环境因素分析

企业环境一般包括单位类型、企业文化、发展前景、发展阶段、产品服务、员工素质、工作氛围等。首先，要确定自己适合什么样的企业文化、什么样的环境，从而找到真正符合自己要求的公司。我们每个人都面临着这样一个严肃的事实：我们必须长期地、努力地工作，如果用几年的时间做自己并不适合的工作，那么就是在浪费生命、浪费组织的信任。企业是从业者生存和发展的土壤，每个企业都有自己的发展目标、运作模式，了解企业的基本情况是成为“圈里人”的基础，便于自己以后迅速适应新环境。

第二节　未来职业的发展走向

一、新职业的出现

产业的不断细分，导致社会分工越来越明确，对从业人员的专业要求也越来越高。我国近年来的职业变迁，体现了以下两个特点。

第一，职业分类越来越细、越来越专业。比如，银行职员这个职业有了进一步的划分，更加专业化，出现了资金交易员、资金结算员、清算人员等新职业。

第二，职业的标准化程度提高，与国际职业发展接轨。比如，我们把以前的供销员改为市场营销员，企业和公司负责人也不再笼统地称为厂长或经理，而演变出不同层级的职业，如董事长、总经理、CEO、总监、部门经理、项目经理等。

在我国，新的职业正以惊人的速度产生着。这些新职业的开发和评定，并不仅仅以职业的冷热程度和从业人数的多少为标准，更重要的还是考虑这个职业是否具备了较高的技能性、是否具有向大众推广的可行性，以及这个职业将产生怎样的社会影响和价值。这些新职业主要分为两种情况。

第一，全新职业，就是随社会经济发展和技术进步而形成的新的社会群体性工作。

第二，“更新职业”，是指原有职业内涵因技术更新产生较大变化，从业方式与原有职业相比已发生质的变化。

新涌现出来的大批新职业，主要集中在第一、第二产业的高新技术产业和蓬勃发展的第三产业。从分布情况来看，新职业主要分布于基因和转基因工程、遗传工程、生态农业、生化试验等高新技术领域，加工中心、环境监测、计算机辅助设计、计算机辅助制造、纳米材料生产等领域也冒出大批新职业，而新职业分布最广的是社会服务领域。

二、当前职业模式发展的新趋势

当前的职业模式发展呈现出以下趋势。

（一）就业自主化

进入21世纪后，随着社会的不断发展和进步，人们自由选择职业的权利越来越得到普遍认可，因此，当前的职业模式发展会呈现出就业自主化的趋势，这一模式一方面是政府通过各种形式的法律和相关政策来保障的，另一方面也是个人不断提高自己的就业能力的产物。

（二）流动加速化

随着市场经济的不断完善，个人寻求自身发展的动机与行为大大强化，高度竞争条件下的用人单位人力资源优化配置也进一步加强，这从统计和需求两个方面都使得社会职业的流动加速，从而使得职业模式发展中呈现出劳动力流动加速化的趋势。

（三）劳动人本化

进入21世纪，随着经济社会的不断发展，职业劳动越来越人本化。这主要表现在职业劳动条件日益改善，职业劳动的内容越来越丰富而逐渐成为“人的第一需要”。劳动生产率不断提高和单位劳动投入所产生的成果越来越多，劳动组织也越来越考虑到员工的利益等方面，而这些实际上都是职业模式发展中劳动人本化的一个重要体现。

（四）国际接轨化

全球化是不可逆转的趋势。西方发达国家的职业种类、职业劳动技能、职业工具手段、职业管理模式等都已大量渗透，并影响到我国，这些渗透一方面为我们的社会职业领域起到巨大的示范作用；另一方面也随着一些跨国公司、合资企业的入境，使得我国的职业领域与国际接轨。

第三节　大学生自我认知与职业选择

一、自我认知的内涵

（一）关于“自我”

“自我”是我们所有经验感受的中心，也是我们对自己的存在感受。正是由于我们与他人、与社会的交往互动，才有了“我”与“非我”的区分，而“自我感”实际上是一种“投射到镜子中的自我”。“自我”的内涵十分丰富，此处主要介绍生理我、心理我、社会我，以及本我、自我与超我，并介绍探索自我的分析法。

1.生理我、心理我、社会我

根据“自我”在生理、心理和社会属性上的区分，我们可将“自我”分为生理我、心理我、社会我。

生理我是个人与生俱来的一些特征，如性别、血型、外貌、身高、肤色、年龄等。比如，颜值较高、身材姣好的男生和女生往往能得到较多的关注。外在的清秀、帅气能够给人带来愉悦的感受，一般情况下也往往能得到更多的机会。但美并不局限于外在，内在的人格、精神的美往往更具有持续性。这就是自我的第二个层次，主要是人的心理状态，如性格、气质、兴趣、智力、能力、价值观等。

心理我是相对稳定而又可以有意识地进行塑造的。心理我的状态、特质在一定程度上决定了我们生涯发展的方向。

社会我是“自我”的社会属性，在某种程度上社会我以一种差序格局的形式呈现，按照社会关系的亲疏而不断扩散，大体呈现为“血缘—亲缘—地缘—业缘”。当然，在目前社会流动性较大的情况下，这种排序也因人而异，并在不断地变化。

2.杰哈特窗口理论

按照杰哈特窗口理论，根据“自己了解与否”和“别人了解与否”两个维度，我们可以将自我分为四个窗口，分别为公开我、隐私我、脊背我和潜在我（见图3–1、表3–1）。

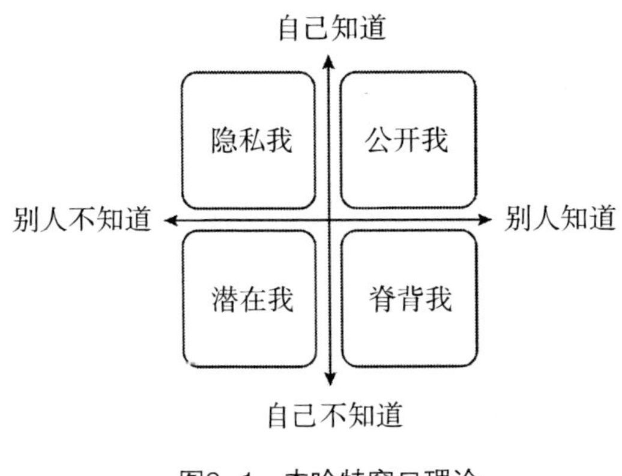

图3–1　杰哈特窗口理论

表3–1　杰哈特窗口理论中的四个自我

类别	特征
公开我	自己了解、别人也了解的个人特质，也就是透明真实的自我，是主体我和客体我相统一的部分，如一个人的年龄、身高等生理特征，开朗等心理特征，家庭出身等社会物质
隐私我	自己了解、别人不了解的个人特质，也有可能是自己刻意隐藏起来的部分，如女性隐瞒自己的年龄、身高、体重，隐瞒是否进行了整形整容，在人群中刻意表现得很快乐等
脊背我	自己不了解但别人了解的个人物质，如自认为长得很漂亮，但在其他人看来其实是很一般；自认为能力很强去自主创业，实际上在投资者看来不具备创业所需的素质和能力
潜在我	自己不了解、别人也不了解的个人物质，需要在交往和自省中进一步挖掘

（二）认知“生理我”

我们每个人一出生后便具备了特定的外部特征、解剖结构和生理功能。其中，外部特征是指性别、身高、体重、相貌、肤色等，解剖结构是指各种器官是否健全或异常，生理功能是指各种系统功能的正常与否、有无疾病。身体的状况为我们的学习、生活和职业发展创造了必要的生理基础，但也影响着我们工作、生活的长度和广度。

在现实生活中，除军人、警察、飞行员等特殊行业外，绝大多数的职业对生理并没有严格的要求。在绝大多数情况下，“生理我”也是基本恒定的，但随着医学技术的发展，我们也可以根据个人的意愿进行微调（如整形、疾病治疗等）。

（三）认知“社会我”

“社会我”是我们个体身上所特定的社会属性和社会关系，主要包括个体的家庭关系、社会角色关系等。在这一部分，我们重点探索处于社会关系中的自我认知问题和个体发展的首要社会关系——家庭，所依托的工具为360°评估法和家族职业树法。

（四）认知“心理我”

从心理学的角度看，“心理我”对我们学习、职业和生涯的影响最为深远，可以说是决定性的因素。从生涯管理的规律看，我们一般从四个方面对“心理我”进行测评（见表3-2）。

表3-2　对“心理我”的测评

项目	内涵	测评工具
职业人格	一个人所有的稳定的心理特征，包括气质、态度、情绪、性格等。其中，我们主要对性格进行测评	迈尔斯-布里格斯类型指标（MBTI）

续表

项目	内涵	测评工具
职业兴趣	反映一个人特定的职业偏好，是人们爱做的事、想做的事、做了就感到快乐的事，是选择职业的重要依据	霍兰德职业性向测试
职业能力	是一个人顺利完成某项工作的心理特性，是成功地做事情的潜能，并具有一定的稳定性	24类能力测试
职业价值观	是一个人的价值观在职业方面的体现，反映其对某一特定职业的根本态度和看法	价值观拍卖、舒伯价值观量表

二、兴趣认知与能力认知研究

（一）兴趣认知

1.兴趣与职业兴趣

兴趣是力求认识、探究某种事物或从事某项活动的心理倾向。我们平常所说的“我喜欢做什么事”，从本质上说就是兴趣的体现形式。兴趣建立在我们的“需要”基础上，由对事物的认识和获得在情绪体验上的满足而产生，是我们为从中获得乐趣而做事的心理倾向。

兴趣是我们从事不同的活动时心中所产生的乐趣和满足感。兴趣对我们从事的活动、学习的专业、选择的职业有导向性的影响。当我们的选择与我们的兴趣相一致时，我们便会感到愉悦，而当我们的选择与兴趣不匹配时，我们选择的持续性会大大降低。这就是人们常说的“天才也怕入错行”。

需要注意的是，这里所说的兴趣并不局限于我们日常生活中的爱好，如唱歌、跳舞、打篮球等。实际上，我们可以将兴趣分为有趣、乐趣、志趣三个层次。

（1）有趣。短暂易逝，时而不稳，常与对某一事物的好奇感有关。随着好奇感的消失，兴趣也自然消减。比如，追某一部电视剧或者电影，随着放映的结束，这种兴趣就消失。

（2）乐趣。在有趣定向发展的基础上形成的兴趣层次。这一阶段，兴趣会变得专业、深入。比如，原来只是觉得弹吉他很酷很帅的同学，在学习了一段时间之后逐渐喜欢上吉他弹奏，一有时间就练习，并乐在其中。

（3）志趣。与社会责任、理想、人生目标相关联，有社会性、自觉性和方向性，是取得成功的根本动力和保证。比如，有同学特别喜欢打游戏，也非常擅长打游戏，打进了国家队，以参加游戏竞赛、游戏公司内测、游戏开发为职业。

职业兴趣是我们对某种职业或者从事某种职业活动所表现出来的特殊倾向，职业兴趣直接影响我们今后对待自己所从事职业的态度和取得成就的大小，兴趣向职业兴趣的转换，需要具备诸多因素，其中最关键的因素就是能力。如果仅仅有兴趣，而无从事这项职业的能力，我们是无法胜任这项工作的。与个人兴趣不同的是，职业兴趣还强调责任意识，它包括承担工作结果的责任、对家庭的责任以及社会责任感。这是兴趣与职业兴趣本质的区别，我们应该正确地认识到职业兴趣 = 兴趣 + 能力 + 责任，是个人兴趣、能力和责任的集合体。

2.职业兴趣的培养

可以从以下几个方面进行考虑，在平时有意识地培养自己的兴趣。

（1）培养兴趣的广泛性

积极主动地接触不同事物，通过接触、了解，我们极有可能发现："哦，原来我对这个也感兴趣。"对自己的兴趣了解越多，无疑越有助于寻找到合适自己的工作。需要注意的是，在兴趣广泛的前提下要有意识地培养自己的中心兴趣，使兴趣具备稳定性。

（2）重视培养中心兴趣

现代社会对人才的要求是博与专，如果一个人兴趣广泛，但没有一个中心的兴趣，没有确定的职业方向，就难以获得事业的成功。中心兴趣可以使人钻研自己的本职工作，发挥自己的潜能，容易获得事业的成功。因此，学校、教师在教育和引导大学生培养广泛兴趣的基础上，还要着重培养他们在某一方面的中心兴趣，促进大学生的发展和成才。

（3）培养间接兴趣

很多大学生还存在着学习偏科的现象，有些大学生还没有认识到系统、综合的知识学习对未来职业发展需求的关系，在将来的社会中，一名工科大学生如果没有掌握计算机辅助设计技术、英语、写作等知识，就不可能胜任工科类的技术工作。例如，学习编计算机程序和文字输入规则很枯燥，但是想到将来从事任何职业都需要掌握计算机才会有更好的发展，就会对计算机学习产生间接兴趣，从而克服学习中遇到的困难。

（4）培养兴趣的深入性

就兴趣的深入性而言，有时候我们对某件事感兴趣，是因为看到了事物好的且容易让人接受、掌控的一面。如果兴趣不仅限于事情的表面，继续深入下去也感觉有趣，就将兴趣深化了。比如，有不少同学爱玩电脑游戏，如果只是用来消磨时间，就不会将这个兴趣深化。如果思考如何设计新的电脑游戏，便有了深入的方向，一步步前进，从而对电脑游戏的开发设计产生兴趣。

（5）积极参与社会实践活动培养职业兴趣

对于大学生来说，只通过书本或者课堂上获得职业兴趣还是远远不够的，大学生还必须积极参与一定的社会实践活动。一方面，职业兴趣要在真正的社会实践活动中才能得以形成和巩固。另一方面，只有参与其中，大学生才能对职业本身产生深刻的认识与了解，并从活动中获得亲身体验、激发自己的职业兴趣。所以，大学生应积极参加社会实践活动，根据社会与自我的需要，有意识地去培养和发展自己的职业兴趣。例如，可以到学校附近或者到与自己所学专业相关的企事业单位参观实习，这样不仅有助于大学生了解和认识职业的性质、亲身体验工作的乐趣，还可以通过与在岗职工的接触、交流，更深刻地认识自己所学专业的重要性，以及要获得成功自己所要具备的素质，以便为今后的事业成功创造良好的基础条件。总之，积极参与社会实践活动是大学生培养职业兴趣的重要途径之一。

（二）能力认知

1.能力概述

能力对于活动效率有直接的影响作用。能力有两个方面的含义：一个方面是指已经展现出来的实际能力，如某人精通三国语言、能够驾驶飞机等等；二是指还没有表现出来的潜在的能力。相关研究显示，潜在能力是尚未表现出来的心理能量，是通过学习或训练后可能发展起来的能力，它只是各种实际能力发展的可能性。潜在能力被认为是实际能力形成的基础和条件，实际能力是潜在能力的展现，实际能力和潜在能力之间总是保持着密切的联系。

能力是人们在社会实践中表现出来的身心力量，是完成任务或达到目标的必备条件。能力可以分为一般能力和特殊能力：一般能力是指观察、记忆、思维、想象力等能力；特殊能力是指人们从事特殊职业或专业需要的能力。人的能力是有差异性的，充分了解自己的能力，可以让我们在工作中扬长避短，充分发挥自己的才能。因此，在选择职业的时候，我们的能力要与职业相符合。能力是完成一切工作、创造效益的基础。能力是可以锻炼和习得的，大学里的课堂学习并不是大学生能力获得的主要途径，因此大学生应该积极参与各种活动，有意识地对自己欠缺的能力进行培养。

2.职业能力的类型

对于将来想从事的职业，要明确自己的职业能力以及优势，美国心理学家加德纳认为每个人的智力都有独特的表现方式，智力不是一种能力而是一组能力，每个人都是具有多种能力组合的个体，由此提出了智力多元论的观点，因此可以根据自身的特点进行能力的组合和优化。哈佛大学教授霍华德·加德纳经过 20 多年的努力，建构了多元智能理论。在该理论中，加德纳先后共计总结出了8种职业能力：语言智能、数理智能、空间智能、音乐智能、身体智能、人际智能、自然智能、内省智能。这8种能力都存在于我们身上，但我们并不能做到每种能力都很突出。我们可能擅长其中的1—2种，很少有人能擅长3种。这就意味着，我们的整体素质实际上是一种不同能力的优缺点的组合。

正是因为8种能力在现实中错综复杂地组合在一起，故我们每个人的活动、行为方式都表现出差异性，并呈现出不同的能力风格。关键的问题是，我们得知道我们擅长什么、不擅长什么，这些优缺点与我们目标职业的能力要求（雇主需求）匹配度是如何的（见图3–2）。

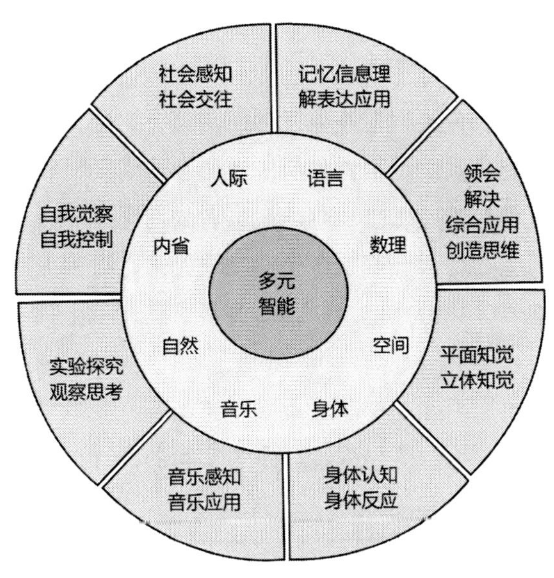

图3-2　加纳德的多元智能理论

3.大学生提升职业能力的方法

（1）调查方法

调查方法是搜集信息的重要方法，也是把握学生特点和思想轨迹的传统方法。通过调查，我们可以获得大学生的自然属性、特定时间里的事件及其发展情况、大学生的品质特征及其频数分布等方面的信息。调查方法有很多种，从调查范围上来看有普查、抽样调查、个案调查等；从调查技术看有问卷调查、口头访谈、集体座谈等；从调查途径看有直接调查和间接调查。各种调查方法各有其优点和局限性。例如，问卷调查可以在较短的时间内获得大量的信息，而且费用较低，被调查者可以不署名而无心理压力，但这种方法受到被调查者填写时的随意性和不完整性的局限；访谈调查可以了解被调查者较为充分的信息，可以及时解释一些理解上的偏差问题，然而访谈调查存在高费用、对访谈者的严要求等局限性。

我们要根据问题的需要和可能的条件选择合适的调查方法，切忌以方法为中心，为调查而调查。虽然我们可以经过不断的实践逐步掌握和灵活运用各种调查方法，但我们要切记在调查（尤其是问卷调查）活动中争取获得专家的支持和帮助。

（2）观察与实验方法

观察方法可以获取有关学生外显行为的信息，它分为参与性观察和非参与性观察。参与性观察就是观察者参与被观察者的活动，在一起活动（如一起游乐、一同上课等）的过程中观察被观察者的情况；非参与观察就是观察者在边上或隐蔽的地方观察被观察者的活动。无论是哪种方式的观察，都要注意和搜寻每个细节，并做好记录，都要实事求是，不干扰、不左右被观察者的活动。

实验是目的性更加明确的控制性观察，有能确立变量之间的因果关系等突出的优点，也有难以控制等局限性。由于实验的设计可以使偶然性对于事件过程的影响达到最小值，有人不无道理地断定“被动地观察得来的事实，不如人为的实验结果更具确定性”，我们要努力学会和运用观察与实验方法。

（3）心理测试方法

心理测量旨在了解大学生的心理特质之间、心理特质与外界因素之间的相互关系，建立可使事物数量化的值或量的渐进系列，即量表。心理测量的技术难度较高，我们可以委托或聘请有关专家帮助我们的工作。

（4）文献分析法

与前面的三种方法相比，文献分析方法是不需与大学生直接接触，而是通过对相关文献内容的分析以获取信息的技术方法。这里的相关文献主要指大学生的作品，如学期论文、在班刊和校刊及其他地方发表的各种文学作品，这些作品都是大学生思想和观点的记载。这种方法有大学生的无反应性、客观性、连续性和低耗性等优点，也有时滞性强、不完全性和偏误性等不足。

（5）数据处理方法

运用上述调查方法、观察与实验方法、心理测量方法和文献分析方法所获取的信息中，经常含有大量的数据。对数据的处理，我们往往停留在描述统计的水平，只是以绝对值、平均值、差值、百分比等说明问题。而对于数据的推理统计等处理方法知之甚少，用之更少。这种状况造成数据的浪费，更严重的是在一定程度上影响了我们根据某些数据所做判断的准确性。比如，关于某个变量的数据，如果不进行推理统计，与其他变量一起进行相关分析，数据的作用就不够充分；关于某项指标的两个不等值数据，如果不进行推理统计，就只能知道其差异，而这种差异是否显著就无法判断。如果我们过多地计较并不显著的差异，或注意不到实际存在的显著差异，那么我们由此所把握的大学生特点和思想轨迹就失之偏颇，甚至是截然相反。

三、性格认知与价值观认知研究

（一）性格认知

1.性格的概念

性格是指人们对现实的稳定态度和习惯化行为方式的总和，表现为个体独特的心理特征。性格是在社会生活中逐渐形成的（尤其是早年的生活），同时也受个体的生物因素影响。我们经常说的“江山易改，禀性难移”中的“禀性”实际上指的就是性格。大多数情况下，性格不会因为环境和面对的人的变化而变化，性格与人格、气质等既有联系又有区别。人格（personality）原意为希腊语里的面具（persona），是一个人在智商、教育、文化背景、经历等生长环境作用下，对“信息搜集”和“决定形成”所采取的有意识的、主观的一贯反应，是人们为了适应环境而习得的，是在特定环境下表现出来的态度和行为方式，具有相对的稳定性。气质是个人生来就具有的心理活动的典型而稳定的动力特征，是人格的先天基础。我们这里说的心理学里的气质是天生的、不可改变的，完全取决于先天的遗传。生活中所说的气质是指人在特定的社会文化背景下所表现出来的综合素养。

个性它是一个人在思想、性格、品质、情感、态度等方面不同于他人的特质。我们每个人都有自己的独特的个性，也就是说，每个人看问题、处理事情的风格、方式都不同。总之，个性是气质、性格、人格共同作用的产物。

天生的因素和过去的因素决定了一个人现在的性格。天生的因素我们没有办法改变，但是分析与探索那些对我们的命运有影响的天生因素，有助于我们在选择事物的时候顺应我们的天性。已经过去的因素我们没有办法改变，但是对这些可以控制的因素我们加以分析，并逐渐融合吸收，有助于我们的性格和未来朝着更加美好的方向发展（见图3–3）。

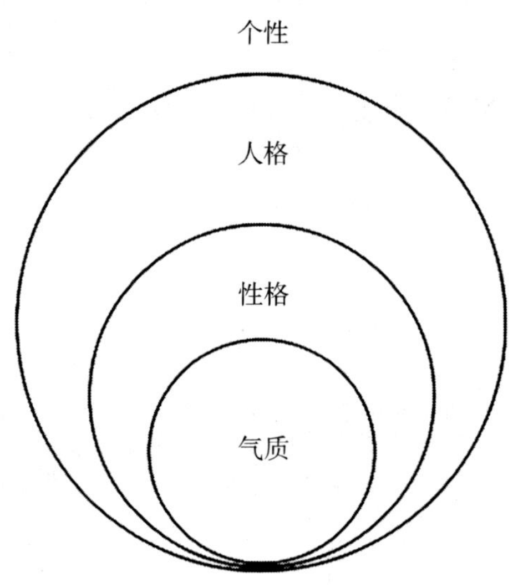

图3–3　个性与气质、性格、人格的关系

2.性格与职业

通常来说，我们每个人都有自己的性格，而且每种性格都对应着适合的职业。不管什么样的性格，我们都应该从心理上接受它，并以此为依据寻找适合自己的职业。我们选择的职业只有在与自己的天性相协调的时候才能完成自己的责任与义务，才能走向成功。可以说，每一种性格的人都可能取得成功，而取得成功的关键就在于选对了职业，将自己放在了正确的位置。有的人之所以总是失败，之所以不能成功，只因为其违背了自己的性格，违背了天性。一个人的性格对其职业的选择和发展有着极其重大的影响。如果我们想找对职业而获得成功，那么，我们就首先应该了解和尊重我们的性格。如果一个人的能力不足，可通过培训提高，但一个人的性格如果与职业不匹配，要改变起来，就困难多了。这就是近年来一些用人单位在选人时，都将性格测试放在首位的原因，所以职业指导一直强调性格在规划生涯中的重要地位。

3.职业性格的培养与塑造

（1）通过多种方式培养良好的性格

①分析和了解自我。每个人的性格都是有差异的，良好的性格可以促进工作的进行，只有了解自己的性格才能更好地从事工作。因此，要帮助每位大学生科学地分析、评价自己的性格特征，使他们的性格得到锻炼，从而重塑良好的性格。

②认清自己性格的优缺点。性格就像一把双刃剑，性格的优缺点也是相对而言的。要发挥出性格的最大威力，关键就在于扬长避短。每个人都有自己的性格特点，如果能够帮助大学生清楚地知道自己的优点和缺点，在工作中尽量发挥与工作相适应的性格特点，克服性格中与工作相抵触的方面，扬长避短，实现性格与职业的匹配，那么他们离成功就又近了一步。

③培养积极向上的人生观。正确的人生观是实现人生目标和生活信念的基础，有了坚定的人生观，大学生的职业性格就会受到生活信念的影响和熏陶，不断向积极、乐观的方向前进。反之，没有树立正确的人生观，人生目标空泛而缥缈，生活的信念和意志日渐消沉，人的性格就会越来越消极、悲观。因此，高校应该通过一系列的措施如人生指导课程等来指引和培养大学生树立积极向上的人生观。

（2）培养乐观的性格

生活如同一面镜子：你对它笑，它就对你笑；你对它哭，它也以哭脸示人。一个人快乐与否，不在于他处于何种境地，而在于他是否有一颗乐观的心。一个人如果心态积极，乐观地面对人生，那就成功了一半。好的性格对于每个人的一生是很重要的，我们可以通过以下几个方面努力培养。第一，要心怀必胜、积极的想法。第二，学会微笑，把“不可能”从字典里去掉。第三，保持积极心态，抑制消极心态。

（3）培养宽容的性格

人在茫茫人世间，难免与他人产生误会、摩擦，一定要记着宽容别人。宽容是一种艺术，宽容别人不是懦弱，更不是无奈的举措。在短暂的生命中学会宽容别人，能使生活平添许多快乐，使人生更有意义。学会宽容并没有想象中那么难，它体现在生活的很多细微之处。

（4）培养谦逊的性格

任何一门学问都是无穷无尽的海洋，谁也不能够认为自己已经达到了最高境界而止步不前、趾高气扬。如果是那样的话，则必将很快被同行赶上、被后人超过。

（5）培养果断的性格

果断指一个人能适时地做出深思熟虑的决定，并且彻底执行这一决定，在行动上没有不必要的疑虑。果断的个性可以使人们在形势突然变化的情况下当机立断，使其迅速适应变化了的情况。可见，果断的个性无论是对领导者，还是对普通劳动者都是很重要的。这种性格可以通过以下几个方面进行锻炼。第一，把握时机，学会决断。第二，善于独立思考，不要被别人的意见左右。第三，当机遇出现时，千万不要犹豫，因为机会稍纵即逝。第四，有勇气为自己的行为负责。

（二）价值观认知

1.价值观

价值观是人们在日常生活和工作中所看重的原则、标准或品质，包含认知、情感和行为成分的信念。价值观是一种内心的尺度，指向人一生中最重要的东西，它不仅影响和决定着个人的行为、态度、观点、信念、生活目标等，还会在个人面临抉择时影响个人的思考、左右个人的决定。正因为价值观是人们在考虑问题时所看重的原则和标准，因此，在个人的生涯发展中往往起到决定性的作用。

每个人所处的社会环境、家庭背景、受教育程度不同，因此会对职业有不同的看法和选择。比如，有的人喜欢社会地位较高、工作和收入稳定的职业；有的人喜欢充满挑战性和冒险性的职业；有的人喜欢具备创造性、多样性和变化性的职业；等等。这些是不同价值观对于职业选择影响的体现。一般而言，价值观对职业的影响作用大致体现在以下两个方面。

（1）价值观对职业选择动机有导向功能

价值观支配和制约职业选择动机。具有不同价值观的人在相同的客观条件下，其动机不同则产生的行为也不同。动机只有经过价值观判断认为是可取的，才会转换为行为动机，进而以此为目标引导人们的行为。

（2）价值观反映个人需求，影响职业决策

每个学生在求职时因其先天条件和后天环境不同，在职业选择上的需求也是不同的。在多数情况下，我们需要在得失中做出选择，而最终选择的职业一定会满足某些需求，这些需求在现实中体现为价值观。

职业价值观对大学生就业来说具有重要意义，职业价值观也直接影响大学生对工作的选择及对待职业的态度。为此，就业创业教育过程中需要将职业价值观引导和培养作为核心任务，以帮助大学生树立积极正确的职业价值观念。对自身的实际情况达到充分的了解和认知，在教师的指导下，确定并树立自身职业方向。大学生职业综合素养的提升，必须注重开展职业价值观培养工作，只有引导大学生具备科学的职业观念，才能够更好地适应当前激烈的人才市场竞争环境。

2.职业价值观

（1）职业价值观的定义

职业价值观是个人对职业的认识和态度以及对职业目标的追求和向往。职业价值观是价值观在职业选择时的反映。职业生涯大师舒伯认为，职业价值观是个人追求的与工作有关的目标，亦即个人在从事满足自己内在需求的活动时所追求的工作特质或属性。职业价值观是人们对待职业的一种信念和态度，会决定人们的职业选择，从另一个角度来讲，职业价值观反映人们最期待从工作中获得的东西。

（2）职业价值观的分类

国内关于职业价值观的分类没有统一定论，很多专家都只是表达出了各自的看法。比较常见的是 13 种价值观统一的分类方式，其中的维度可供参考。我们也可以通过一些线上测试了解到自己的职业价值观，看自己最看重的工作价值和目的是什么（见表3–3）。

表3–3　职业价值观分类

价值观	工作的目的和价值
利他主义	在于直接为大众的幸福和利益尽一份力

续表

价值观	工作的目的和价值
美感	能不断追求美的东西，获得美的享受
智力刺激	不断进行智力操作，动脑思考，学习及探索新事物，解决新问题
成就感	不断创新，不断取得成就，不断获得赞扬，或者不断实现自己想要做的事
独立性	能充分发挥自己的独立性和自主性，可以按自己的方式、节奏或者想法去做，不受他人的干扰
社会地位	所从事的工作在人们的心目中有较高的社会地位，让自己得到他人的重视与尊敬
管理	获得对他人或某事物的管理支配权，能指挥和调遣一定范围内的人或事物
经济报酬	获得优厚的报酬，使自己有足够的财力去获得自己想要的东西，以此实现生活的富足
社会交际	能和各种人交往，建立比较广泛的社会关系，甚至能和知名人物结识
安全感	不管自己能力怎么样，都希望有一个安稳的工作环境，不会因为资金、涨工资、调动工作或领导训斥等提心吊胆、心烦意乱
舒服	希望能将工作作为一种消遣、休息或者享受的形式，追求比较舒适、轻松、自由、优越的工作条件和环境
人际关系	希望一起工作的大多数同事和领导人品都较好，相处在一起感到愉快、自然，因此而获得满足感
变化性	希望工作和内容经常变换，使工作和生活显得丰富多彩，不单调、不枯燥

第四章 大学生职业生涯规划能力与提升

如果职业生涯规划不能得到很好的实施，再好的规划也注定要失败。没有“尽善尽美”的规划决策，大学生面对相互矛盾的目标、观点与决策时，总要进行平衡、调整。大学生不应该将大多数时间花费在制订职业生涯规划上，而应将重心放在既定规划的实施上。大学生在进行职业生涯规划时，一定要做到知己知彼，确定的个人生涯目标要符合现实，并进行有效的实施。本章即对大学生职业生涯规划能力与提升进行简要研究。

第一节 大学生职业生涯规划概述

古语说：“凡事预则立，不预则废。”职业生涯规划的理论和实践同我们职业的成功乃至人生的成功密切相关，而大学生的职业生涯规划更是个人走向职场的基础性准备工作。从跨进校门的那一刻开始，大学生们就需要在规划中前行，并通过实践来完善规划。

一、职业生涯规划的内涵

（一）职业生涯规划的含义

职业生涯是所有和职业相连的行为与活动以及相关的态度、价值观、愿望等持续经历的过程，也指职业选择、职位变迁、职业目标实现等过程。

职业生涯规划是对职业生涯进行持续系统的计划过程，是指个人与组织相结合，在对职业生涯的主客观条件进行测定、分析、总结的基础上，对自己的兴趣、爱好、能力、特点进行综合分析与权衡，结合时代特点，根据自己的职业倾向，确定其最佳的职业奋斗目标，并为实现目标做出安排。

1. 职业生涯规划内容

职业生涯规划由能力评估、职业定位、目标设定和实施计划四个要素构成，具体分为六个阶段。

（1）自我评估阶段。主要包括对个人的需求、能力、兴趣、性格、特质等方面进行分析，以确定个人具备的能力特征和适合的职业类型及岗位。

（2）组织与环境分析阶段。人是环境的产物，受环境影响，短期职业规划需要着重分析组织环境，长期职业规划要重视宏观社会环境分析。

（3）职业生涯发展评估阶段。指对职业发展的长期规划和短期规划。通过对社会宏观环境的分析，结合个人自我评价具体情况，评估职业长期发展；通过对组织微观环境的分析，评估个人在组织中短期发展。

（4）职业生涯目标设定阶段。职业生涯目标包括长期发展目标、中期发展目标与短期发展目标，从实施的角度看包括战略目标和具体目标，分别与长期规划、中期规划和短期规划相对应。

（5）职业生涯规划方案制订实施阶段。把职业生涯目标转化成具体的方案和行动措施，具体的行动包括职业生涯发展路线的选择、职业类型的选择，职业教育和培训计划的制订等。

（6）评估与反馈阶段。职业生涯规划的评估与反馈过程是个人对个人及职业的不断认识过程，也是对组织与社会环境的不断分析、了解、认识过程，是职业生涯规划有效执行与实现的手段。

2.职业生涯规划的意义

有职业生涯规划的人会有清晰的职业发展目标，能抗拒短期利益的诱惑，坚定地朝着自己的职业发展方向前进。只有找准职业角色定位才能取得最大的成功，很多时候失败的人不是没有能力，而是角色定位的失败，个人职业生涯规划正是对个人角色的有效定位的方式。

职业生涯规划影响整个职业生命历程，是职业目标实现的程度与水平，合理且科学的目标是关键。个人目标包括生活质量提高、职业发展提升、影响力增加、自我价值实现，而职业发展提升在整个目标体系中居于中心位置，关系着个人整个生命周期发展的方向与水平。

（二）职业生涯发展

1.职业生涯发展的含义

职业生涯发展就是将个人发展与社会、组织发展相结合，在对个人职业生涯的主观条件和客观意愿进行分析评价的基础上，对自己的兴趣爱好、能力特征进行综合分析与权衡，结合社会发展特点，根据职业兴趣与趋向，确定其最佳的职业奋斗目标，并做出行动计划与安排，以提升职业技能与能力，拓宽职业生涯的道路，为职业生涯发展提供更多的可能性。

2.职业生涯发展的过程阶段

（1）成长阶段

成长阶段，从出生到14岁。在这一阶段，个人通过与家庭成员、朋友以及老师的相互作用以及他们对个人的认同逐渐建立起自我的概念。这一阶段角色扮演是极为重要的，儿童将尝试各种不同的行为方式，而这使得他们形成了对关系人反应的印象，并且帮助儿童建立起一个独特的自我概念或个性。这一阶段结束进入青春期的青少年，已经形成了对个人兴趣和能力技能的某些基本看法，开始对职业进行带有某种现实性的思考了，形成了最初的职业认识。

（2）探索阶段

探索阶段，发生于15—24岁。在这一阶段，个人将认真地思索各种可能的职业选择。试图将自己的职业选择与个人对职业的了解以及通过学校教育、日常和社会活动等途径中所获得的个人兴趣和能力匹配起来。在这个阶段人们往往做出一些带有试验性质的、较为宽泛的、并不明确的职业选择。随着个人职业选择与自我认知的进一步了解，带有实验性质的职业尝试会被重新定义。比较符合个人兴趣与特质的职业被确定，并开始相应的准备工作。探索阶段最重要的任务就是对个人能力和天赋形成真实评价，并根据职业选择来做出相应的教育决策，学习是这个阶段最重要的任务。

（3）确立阶段

确立阶段，发生在24—44岁，这是大多数人职业生命周期的核心阶段，个人需要在这个时期找到具体、明确、符合自己职业设想和个人特质的职业，并投入具体实际的活动中。这一阶段个人职业将取得发展，但仍然是在设想与尝试中，不断选择和完善，会经历不同的三个环节过程。

尝试环节，发生于25—30岁。在这一时期，个人确定目前所选择职业是否符合职业目标设定，如果不符合，就准备进行相应的变化调整。

稳定环节，发生于30—40岁。在这一时期，个人已经确定职业目标，并依据职业发展目标制定明确的职业发展计划来挖掘晋升的潜力、工作更换的必要性以及为实现职业目标需要开展的教育、实践等活动。

中期危机环节，发生在30—40多岁的某个时段上。在这一时期，人们会根据最初的职业设想和规划目标对现实的职业发展情况做全面重新评价，是职业发展的过程管理。在阶段性的评价分析时可能发现，实际职业发展与职业理想高度一致，也可能发现虽然职业发展趋势向前但与职业理想目标不一致，甚至对于职业发展在人生过程中的重要性和价值进行新的定位。这一阶段需要面对现状进行重新抉择，为下一步职业发展确定目标，以及依据目标实现的可能性及支付成本进行投资收益分析，为下一步职业发展做出相应调整。

（4）维持阶段

维持阶段，发生在45—60岁。在个人职业发展的后期阶段，已经在从事的行业和工作领域中创造了一定价值，确定了相应的地位，因而绝大多数人在这个阶段会把主要精力就放在保有这一位置上，相应地也就不会提出新的职业理想和具体的行动计划。

（5）下降阶段

下降阶段，发生在55—65岁以后。当退休临近需要离开工作岗位时，就进入职业生涯中的下降阶段。这一阶段中个人需要尝试转变个人角色，以更多的经验传授作为重要职业目标。同时，在职业生涯下降阶段需要从生活中重新挖掘兴趣爱好，弥补退休产生的空缺。

二、职业生涯规划的基本理论

（一）人职匹配理论

1.帕森斯的特质—因素理论

帕森斯的特质—因素理论是由美国职业指导专家弗兰克·帕森斯创立的，继而由威廉逊·佩特森发展成型，这是在西方国家最为古老而且应用范围最广的一种理论，在职业指导中一直处于主导地位，对世界各国影响较大。1908年，帕森斯在波士顿创办职业指导局，这可以说是职业指导的起点。1909年，他出版《选择职业》一书，第一次系统阐述了科学的职业指导理论，即特质—因素理论。特质就是人的生理、心理特质或总称为人格特质，因素是指客观工作标准对人的要求。

根据特质—因素理论，在职业选择过程中，应按照以下几个步骤进行（见图4-1）。

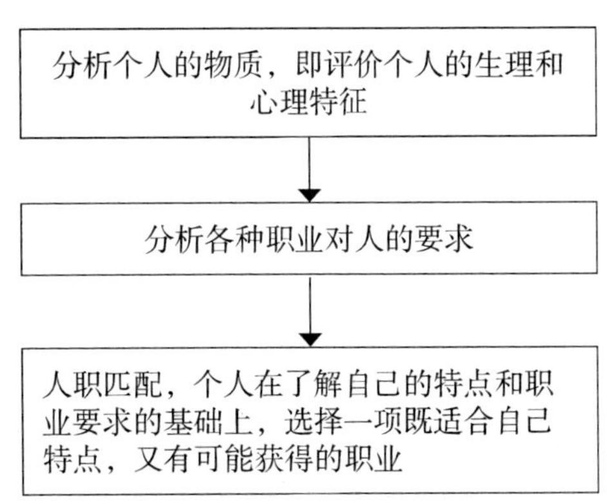

图4-1　根据特质—因素理论得出的职业选择步骤

2.霍兰德职业性向理论

美国约翰·霍普金斯大学心理学教授约翰·霍兰德于1971年提出了职业性向理论（Career orientation）。该理论源于人格心理学的概念和大量职业咨询的实践研究，霍兰德从整个人格角度考察职业的选择问题，其理论体系较为完整，也易于操作。在该理论中，霍兰德将人们的工作环境划分为现实型、研究型、艺术型、社会型、企业型和常规型六种，并将不同的职业归属到其中的一种工作环境之中。霍兰德还将劳动者按个性及择业倾向大致分为六种类型：现实型（Realistic Type）、研究型（Investigative Type）、艺术型（Artistic Type）、社会型（Social Type）、企业型（Enterprising Type）和常规型（Conventional Type）（见图4–2）。

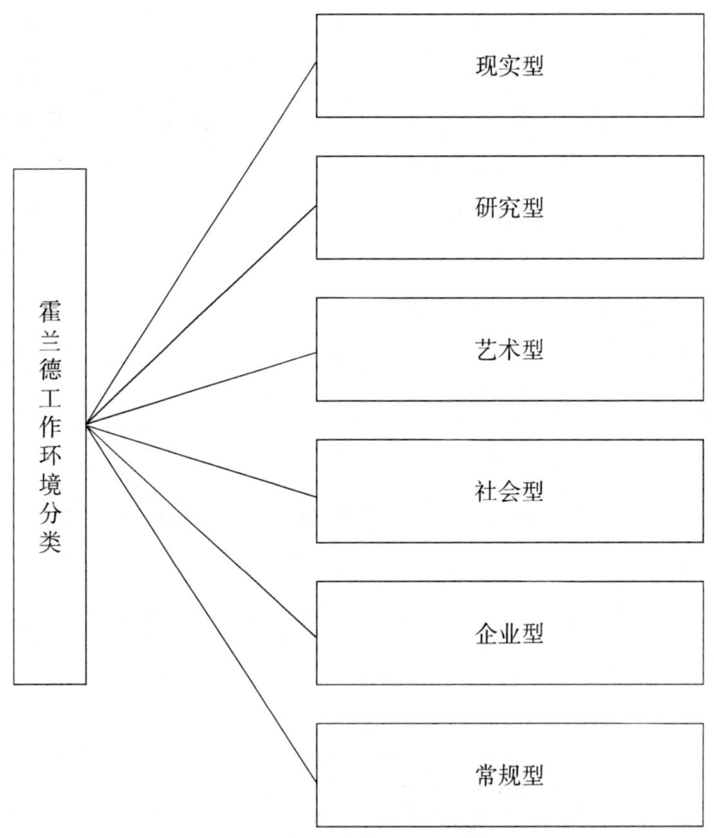

图4–2　霍兰德工作环境分类

我们可以把这些类型作为一种模型来衡量真实的人，一种职业环境能够吸引相应性向的人进入这种环境工作。这种职业性向包括价值观、兴趣、动机和需要，这些因素也决定了个体的择业倾向。

（二）职业发展阶段理论

职业生涯规划是一个动态的过程，不同职业生涯发展阶段对职业选择也存在着较大的影响。无论从人的心理自身的发展的内在规律来看，还是从社会活动的变化加速对之产生的影响来看，人的职业心理总是处于一种动态的发展过程中，因而个性与职业的匹配不可能一次就完成。比较具有代表性的是舒伯和施恩的职业理论。

1.舒伯的发展阶段理论

对于具体阶段的划分，不同的专家学者有不同的观点，而我们常见的，也是最具权威性的观点就是舒伯（Super）的生涯发展阶段理论。舒伯认为职业生涯是一个连续渐进的过程，人的职业生涯发展可以分为成长、探索、建立、维持、衰退等五个阶段（见表4–1）。

表4–1　职业生涯发展阶段论

阶段	内容
成长阶段	0—14岁属于成长阶段，在这个阶段，儿童开始辨认他们周围的事物，开始发展自我概念，学会以各种不同的方式来表达自己的需要，并逐渐意识到自己的兴趣所在以及与职业相关的一些最基本的技能
探索阶段	15—24岁属于探索阶段，这一阶段是人的学习打基础的阶段。在这一阶段，青少年开始尝试一些自己感兴趣的职业活动，对自我能力以及角色、职业进行探索
建立阶段	25—44岁属于建立阶段，这一阶段是人选择和安置的阶段。该阶段的发展任务是个人致力于在适当的职业领域稳定下来，巩固地位，并力求晋升。大部分人在建立阶段处于最具创造力的时期。在这一阶段，个人开始尝试选择适合自己的职业领域，开始考虑如何保住该职位并固定下来

续表

阶段	内容
维持阶段	45—64岁属于维持阶段，这一阶段是人的升迁和专精阶段。该阶段的发展任务是维持既有的成就和地位。在这一阶段，个人通过不断努力来获得职业生涯的发展
衰退阶段	65岁及以上属于衰退阶段，这一阶段是人的退休阶段。该阶段的发展任务是注重发展新的角色，寻求不同方式以替代和满足需求

2.施恩的职业锚理论

职业锚理论是由在职业生涯规划领域具有“教父”级地位的美国麻省理工学院斯隆商学院、美国著名的职业指导专家埃德加·H.施恩教授领导的专门研究小组在对该学院毕业生的职业生涯研究中演绎成的。

21世纪以来，影响大学生职业锚的主要因素是能力、动机与需求、价值观、兴趣爱好和职业性向。当代大学生应当结合自身因素寻找自己的职业锚，尽早做好职业定位，不断探索开发自身潜能，准确地把握求职就业方向，取得与自己能力相称的成就，塑造成功的人生。

（三）明尼苏达工作适应论

该理论起源于美国明尼苏达大学，由罗圭斯特和戴维斯提出的强调人境符合的心理学理论，简单说就是只有当工作环境能满足个人的需求（内在满意），个人也能满足工作的技能要求（外在满意）时，个人在该工作领域才能够得到持久发展。该理论不再强调选择、强调适应，而是强调人境符合的适应论，认为选择职业或生涯发展固然重要，但就业后的适应问题更值得注意。尤其是对障碍者而言，在工作上能否持续稳定，对其生活信心与未来发展都是重要的课题。基于此考虑，戴维斯等人从工作适应的角度，分析适应良好与否的因素。①

每个人都会努力寻求个人与环境之间的适配性，当工作环境能满足个人

① 马天威.大学生职业生涯发展指导[M].沈阳：东北大学出版社，2017.

的需求（satisfaction），又能顺利完成工作上的要求（satisfactoriness）时，符合程度随之提高。

但个人与工作之间存在互动的关系，符合与否是互动过程的产物，个人的需求会变，工作的要求也会随时间或经济形势而调整，如个人能努力维持其与工作环境间符合一致的关系，则个人工作满意度越高，在这个工作领域也越持久。

三、职业生涯规划的影响因素及意义

（一）职业生涯规划的影响因素

影响职业生涯规划的因素有很多，概括来说主要包括以下几个方面。

1.健康因素

健康对于职业生涯特别重要，几乎所有的职业都需要健康的身心。有人问古希腊哲学家赫拉克利特身体健康的重要程度，他说："如果没有健康，智慧就无法表露，文化就无法施展，力量就无法战斗，知识就无法利用。"

2.年龄因素

年龄对职业生涯规划的影响也不容忽视。对工作的态度和看法、对机会尝试的勇气、完成任务的能力和经验，不同年龄的人的表现都有所不同。古人所谓"三十而立，四十不惑，五十知天命，六十耳顺"是有深刻道理的。

3.性别因素

虽然男女平等的观念已普遍被现代社会接受，但传统观念"性别因素"仍然在职业中起着不可忽视的潜在作用。因此，在规划职业生涯和求职时，要做好充分的思想准备，寻求与性别相适宜的、与理想相统一的职业，有助于自己走向成功。虽然由于工作性质的不同，有一些工作适宜女性，有一些工作适宜男性，但男女具有同等的发展机遇，只要我们努力，每个人都能实现自己的职业理想。

4.性格因素

性格在我们的职业乃至一生中都会起到很大的作用，我们也会常常听到性格决定命运这样的话，但是我们又有几个真正了解自己的性格呢？每一个人都会有自己独特的个性，所以每一个人的职业和人生也就不同，正是因为性格不同也就造就了形形色色的人。

5.兴趣因素

兴趣对职业生涯的规划影响巨大。在影响个人职业生涯规划与发展的众多主观因素中，兴趣就像一双无形的手，对职业生涯的发展至关重要。现在有一大部分人在从事自己不喜欢的工作，这也是造成职业倦怠和职业边缘化的一个主要原因。

6.家庭经济情况因素

家境的优劣也是影响职业生涯规划不可忽略的要素。家庭负担重的人，家庭责任感会使自己有着更大的就业压力，甚至会改变原来规划好的职业目标。因此，我们在进行职业生涯规划时，必须考虑家庭状况，以平衡家庭责任与理想之间的关系。

7.社会环境因素

社会环境因素决定了社会职业岗位的数量结构层次，同时也决定了人们的职业观念，从而决定了就业的方式、职业观和个人职业生涯的历程。比如，目前我国市场就业机制的建立和发展，学校推荐，双向选择，自主择业，竞争上岗，国有企业的改革调整等。在这种状况下，某些行业劳动力相对过剩，岗位相对减少，若得到一个比较理想的职业，就必然会加倍珍惜。

8.受教育程度

教育是赋予个人才能、塑造人格、促进个人发展的活动，教育程度是事业成功不可缺少的条件。获得不同教育程度的人，在个人职业选择时，具有不同的能量和作用：受教育程度较高的人，在就业以后会有很大的发展，在职业不如意时，再次进行职业选择时能力和竞争力也较强。受教育程度低的人，在职业选择和发展时相对处于劣势。人们接受教育的专业、学科门类及层次对职业生涯也起着重要的决定作用。

（二）职业生涯规划的意义

职业生涯规划不仅能够帮助个人实现目标，还能帮助个人真正地了解自己。概括来说，职业生涯规划的意义包括以下几个方面。

1.帮助大学生树立正确的择业观念

时下就业市场上之所以会出现“公务员热”“金融热”“互联网热”等现象，很重要的原因就是很多大学生没有正确的择业观念，而一味地追随大流，或者仅仅认识到社会环境对职业发展的影响，而没有考虑到自我的身心特点和未来发展的目标。没有正确的择业观念，带来的结果往往是就业中的四处碰壁，或从事了一份不适合自己的职业，导致个性被压抑，能力被限制，生活上郁郁寡欢，事业上步履维艰。“三百六十行，行行出状元。”对于有抱负的人而言，其实大多数职业都有广阔的施展空间，都能给人生带来成功的荣耀。正确的择业观念应当是自我认识、环境认识、价值目标认识的系统结合。而职业生涯规划可以帮助个体在此基础上树立具体的、有针对性的择业观念，从而对机遇的把握更为全面和深刻。

2.指导大学生确定恰当的人生目标

目标是人生之路的灯塔，它指引着奋斗的方向，也给予奋斗的动力。但是，确定一个恰当的人生目标绝非易事。目标确定得过于宏大，就会找不到实现目标的入手之处，对个人成长起不到促进作用；目标确定得过于狭隘，就会使得个人的成长受到过多的拘泥，最终限制了发展的空间。而职业生涯规划所包含的各种理论、方法、工具，可以帮助大家准确地认识自我，在正确的自我定位的基础上，结合外部条件和社会需要确定切实可行的目标。

3.有利于促进个人努力工作

职业生涯规划的制订将会给个人树立一个明确的标靶，明确了目标，个人才能奋勇直进。随着职业生涯规划内容一步一步地实现，个人的成就感会不断地增强，这将有利于促进自己进一步向新的目标前进。随着职业生涯规划的不断实现，个人的工作方式和思维方式也将不断地发展和完善。

4.有助于个人抓住工作的重点

职业生涯规划能够帮助我们评价工作的轻重缓急，并合理地对日常工作进行安排。一个人若是没有职业生涯规划，就会很容易被跟人生目标无关的日常事务缠绕，甚至沦为琐事的奴隶，无法实现人生目标。职业生涯规划就是为了帮助个人抓住工作的重点，增强成功的可能性。

5.有助于个人评估自己的工作成绩

职业生涯规划的一个重要功能就是向个人提供了一种自我评估的重要手段，具体规划的每一步实施结果都是可见、可测和可评的。制订了职业生涯规划，个人就可以根据规划的进展情况对自己目前已取得的成绩进行评价。

在当前这个时代，只有制订了一个好的职业生涯规划，才能掌握好自己的竞争优势，发挥个人的潜能，并能充分把握稍纵即逝的机会，实现预定的目标。

6.满足人生需求的重要手段

美国心理学家马斯洛提出了需求层次理论（见图4–3）。

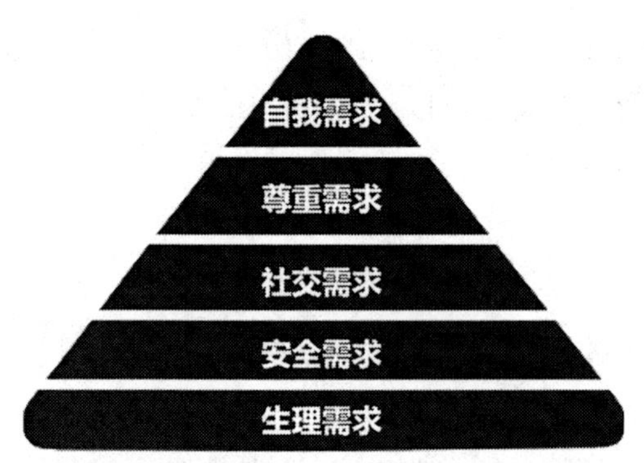

图4–3　马斯洛需求层次理论

这里需要强调的是，较高级的人生需求必须通过满足社会公众和他人的需求才能实现。一份职业能够带来生命赖以存活的食物、水等物质，能够带来一个安全舒适的住房以供休息放松，也能够带来人们的认可、尊敬、友爱，更能带来幸福的成就感。

现代人大部分的需求都要通过职业生涯活动得以满足。人需求越高级，对职业生涯的期望也就越大，也就更需要职业生涯规划。

7.促进人的全面发展

随着生活水平的提高，人们的自我意识逐步增强，人们的要求已经不仅仅是停留在健康、财富的基础上了，而是渴望获得全面发展，大学生就要对自己有一个全面的认识，要根据自身情况选择人生的发展路线，这就离不开职业生涯规划。

8.帮助大学生提升自身的价值

在职业生涯规划过程中，要求规划者对自身的价值重新进行评估，并通过层层递进的评估重新审视自己，重新认识自己的价值。在此基础上，根据职业方向来制订相应的行动计划，从而进一步增强自己的职业竞争力，提升自身的价值。

9.帮助大学生立足现有成就确定高尚奋斗目标

事实证明，许多在事业上失败的人，并不是没有知识和能力，而是在于他们没有很好地规划自己的职业生涯，只有明确了目标，大学生才有奋斗的方向，才会积极地创造条件实现目标；只有明确了目标，大学生才能找到与自己最匹配的职业发展道路。

10.帮助大学生认识既有的发展状态

认识既有的发展状态，包括对个性的认识、对现有能力和不足的认识、对发展阶段的认识等。如果对既有的发展状态有较好的把握，就可以确定之前所做努力的效果，明确下一步应做的工作。这样，我们就能知道今后是应该继续沿用之前的发展思路，还是做适当的调整。这既可以作为一种对之前确定的人生目标的检验，又能促进我们逐渐朝人生目标迈进。

第二节　确定职业目标

一、职业目标的内涵

俗话说："志不立，天下无可成之事。"职业目标的设定，是职业生涯规划的核心，有助于明确奋斗方向。

（一）目标的内涵与作用

目标（ Target ）就是指个人、部门或整个组织所期望的成果，通常也称为梦想的日期化和数字化。对个人人生而言，需求产生目的，目的的具体化就是目标，目标就是前进的动力，就是人们行动的灯塔。确定了目标，就可以给人以明确的方向感，使人充分了解自己每个行为的目的；可以让人清晰地评估自己的行为，进而正面反馈与检讨自己的行为；可以让人从忙乱思绪中转移到工作重点上；可以让人更关注结果，产生持久动力，激发出人的潜能。

（二）职业生涯目标的含义与内容

职业生涯规划的制订、实施、评估与反馈过程是个人对职业生涯目标的确定、努力实现、衡量和修正的过程。职业生涯目标的确定包括人生目标、长期目标、中期目标与短期目标，它们分别与人生规划、长期规划、中期规划和短期规划相对应。

人生规划：是指整个职业生涯规划，时间长至 40 年左右，即设定个人整个人生的发展目标。

长期规划：一般是指 5—10 年规划，主要设定较为长远的发展目标。如规划在 30 岁时成为一家中型公司的部门经理，规划 40 岁时成为一家大型公司副总经理等。

中期规划：一般是指规划 3—5 年内的目标与任务。比如，规划到不同业务部门做经理，规划从大型公司部门经理到小公司做总经理等。

短期规划：一般是指 1—3 年以内的规划，主要是确定近期或短期目标，规划近期完成的目标与任务。如对专业知识的学习与训练，3 年内所掌握的业务知识等，让自己尽快成为一名合格的新闻记者、编辑等。

生涯目标实际就是为职业目标、自己的潜能以及自身主客观条件谋求最佳匹配的职业定位。良好的、科学的定位是以最佳才能、最优性格、最大兴趣、最有利的环境等信息为依据。比较职业条件、要求、性质与自身条件的匹配情况更好地选择符合自己兴趣、专业特长、经过努力能很快胜任、有发展前途的职业，既要把“志当存高远”与脚踏实地结合起来，也要注意长期目标和短期目标相结合。

确立职业目标并为此付出努力，对确立者是很有帮助的，不过确立职业目标要有事实依据，并非只是美好的幻想或不着边际的梦想，否则将会延误人生发展机遇。要明白行动是一切目标实现的成功之母，再美好的图纸不去变成现实也最终是一张废纸，所以我们对目标一定要有强大的执行力。每天早上起床或者晚上入睡前问问自己，是否每天都在努力，如果不能坚持目标就很难实现。

二、大学生职业生涯目标的类别

大学生职业生涯目标应包括大学生活期间的职业目标和择业后的职业目标两部分。

（一）大学生活期间的职业目标

调查发现，相当大一部分大学生对于自己将来的职业没有一个非常明确的定位。而职业目标的确定一定要针对个人特点来确立未来发展方向，对个人一生的发展来说显得格外重要。一个人要是没有目标就没有努力前进的方向，也就毫无动力可言。俗话说：“走得最慢的人，只要他没有丧失目标，也比漫无目的来回徘徊的人走得快！”因此，即使是到此时才开始进行职业目标规划有点迟，但总比一直没有明确的方向与目标强，确定好目标后并为此坚持付出努力，总有一天会到达目标的彼岸。

大学生职业目标的确立最好从大一开始实施并制订相关的行动计划，设定职业目标时要思考以下问题：设定该目标的原因；达到这一目标的途径；实现该目标的能力、技能与自身其他优点；实现该目标的相关培训与教育；

达到该目标的外部有利条件等，同时也要思考实现目标的自身弱势或外部相关的不利条件等。下面请从确定职业目标开始进行小测试，从自己的喜好、职业偏好以及个人的性格和能力等方面设计自己的职业目标（见图4-4）。

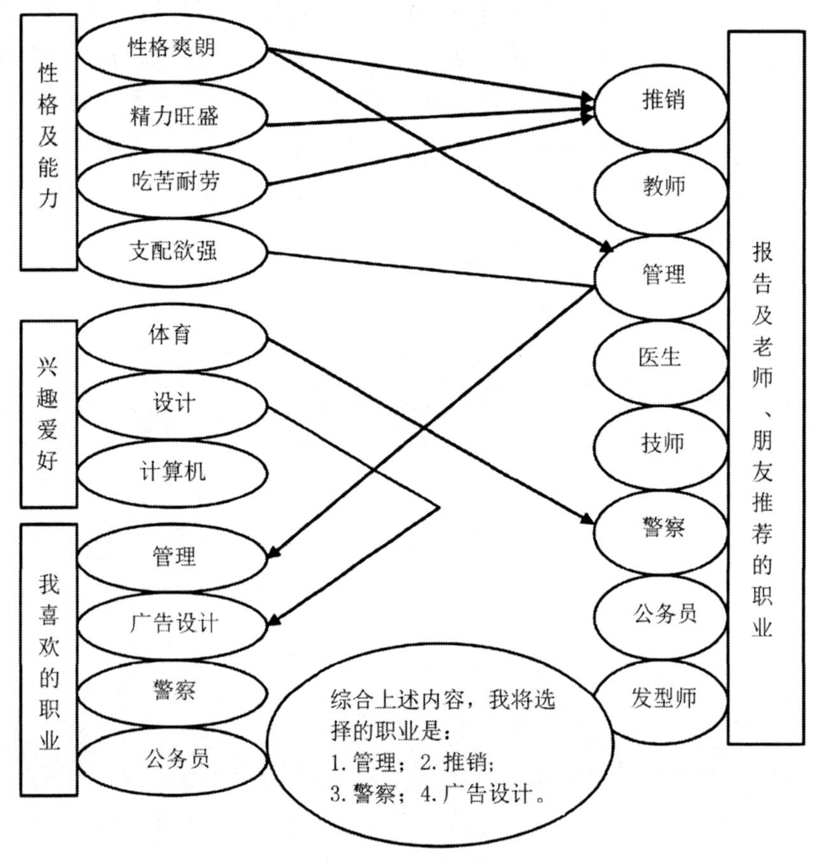

图4-4　确定职业目标

一般来说，在校期间的职业生涯目标主要集中在获得合理的知识结构、获得应用理论知识分析和处理社会各种现象的基础能力、从各种活动中了解自己的兴趣爱好和学会处理某些社会关系的技能（见图4-5）。

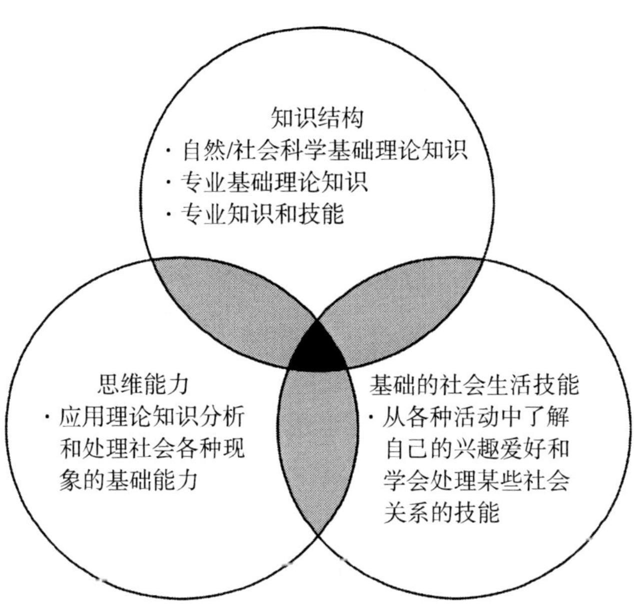

图4-5　大学生在校期间职业生涯规划目标

从图4-5我们可以清晰地了解到，四年大学生活要达到的目标，所以大学生应围绕知识、技能、思维这三个方面的目标来不断地充实和提高自己。在未来四年中分四个时期做好系统学习和生活设计，毕业时也可以从上述三个方面检验自己是否达到了相应的要求。

大学一年级为试探期。也就是从进入大学开始就应当有意识地去了解某些职业，特别是自己未来想从事的职业或自己所学专业对口的职业。比如，大学一年级阶段大部分开设的是公共课，学习任务相对不重，这个时候就可以多参加学校的各项活动，增加人际沟通与交流的技巧，学会与不同个性的人打交道，同时多学习课本以外的知识以丰富自己，有意识地收集相关资料，培养自己学习书本外知识的能力。

大学二年级为定向期。这一时期应考虑清楚是否继续深造或就业，尝试在课余时间后进行兼职，选择自己未来想要从事的或者与专业对口的相关工作，最好能较长时间坚持，锻炼自己的责任感、主动性和受挫能力等，也可以尝试有选择性地辅修其他专业的知识充实自己。

大学三年级为冲刺期。这一时期应锁定在提高求职技能、收集相关招聘信息，并确定自己是否要考研，为下一步的求职或深造做好准备。

大学四年级为分化期。积极参加招聘活动，运用学校提供的条件，了解就业指导中心提供的用人单位信息与就业信息，强化求职技巧，进行模拟面试等训练，尽可能地在做好充分准备的情况下开展演练。

（二）择业后的职业目标

大学生除了制定在校四年学习和生活期间的目标以外，还应在资深实战专家的帮助下，尝试对择业后的职业生涯进行规划。

三、职业生涯目标的设计

一个人在职业选择、职业生涯路线选择后就应进行职业目标的设定，对人生目标做出正确抉择。在确定职业目标的时候，不是泛泛地说说去哪个城市、从事何种行业。作为大学生，更应强调以“实现到哪个单位工作”为目标。

（一）职业目标设计的要求

1.职业目标高低的设计与设定要恰到好处

在确定职业发展目标时要注意与自己性格、兴趣、特长与选定职业的匹配度，同时要思考自己所处的内外环境与职业目标是否相适应，不能妄自菲薄，也不能好高骛远。合理、可行的职业目标决定了职业发展中的行为和结果，这才是设计职业目标的关键。现实中，由于大学生还没走向职场，体验不到真实的职业环境，缺乏对行业、职位详细信息的了解，有时对职业目标的订立有些理想化，在具体的行动计划中就显得与实际脱离，如有些高职专科生给自己的职业规划目标直接定为大学教授或职业经理人，有些喜欢文学的人想要在3—5年就成为著名的文学家，有些人纯粹是自己有某方面的实际需要但没考虑自己的长处与短处，用自己的短处与别人的长处进行较量，将其视为自己的长期目标或许可以，但要是把它作为短期目标来完成则不实际。

2.目标设定要符合社会与组织的要求

对大学生来说，在进入大学后面对专业难以调整的现实，如何面对劣势的专业找到理想的工作，是部分大学生在职业生涯规划中必须面对的问题，也是大学生在大学期间就必须为谋划好职业需要提前做好功课的难题。因此，在设定职业目标时，必须考虑社会与组织对岗位的要求，当劳动力市场相关人才出现供大于求时就要结合自身实际考虑自己未来的胜率，同时还应考虑组织对岗位的相关要求是不是自己在大学期间就可以培养与训练成的。

3.目标设定要明确具体

一般来说，大学生们可以在一个相对较窄的范围内同时设定几个目标，如老师布置的随堂作业或者是小组共同完成的课题，需要准备资料、进行社会调查、需要分析讨论，最后形成研究报告。大学生不可以因为是个人或小组作业觉得不重要就随便完成，甚至有些人根本就不做，这是不对的。实际，上述小组作业就是对未来工作的提前训练，除了最后的报告之外，其他的事情都可以与同学一起同时进行或一起完成，在操作中同学们要学会给自己列一个时间表，规定每一个目标的具体完成时间，时间一到就要检查自己目标成果的实际完成情况。这样就可以及时进行自我管理或小组管理，日程表的设置越具体越有可操作性，用来衡量目标实现程度的标准就越细，对于目标执行与反馈也就越准确，对于不当之处的修正也就越有针对性。因此，职业目标的设定尤其是短期职业目标，一定要设计得相对具体与可操作，以方便及时检验自己的成果与纠正错误。

4.目标设定要符合自身特点

进行职业目标设定时一定要结合自身特点和情况，不能完全脱离现实。对大多数人来说，应学会如何与人沟通与表达。如何与人合作一起完成项目。因此，在设定职业目标时，一定要考虑自己的个性、对环境的适应能力以及兴趣与岗位的匹配程度。在职业规划中，合适是职业规划中的一个测量尺度，自身个性、特点与职业的匹配程度也非常重要。

5.目标设定是动态的，要适时调整

组织的职位是动态的，因此职业生涯规划中目标的设定也应当是动态的。大学生要根据自己不同阶段的需要和社会发展情况对规划做出合理调整。当今社会瞬息万变，新事物、新科技层出不穷，大学生职业规划也同样需要与时俱进，这样才能顺应时代，开创属于自己的事业或尽早实现自己规划的目标。对于自己碰到的问题和环境，需要及时调整发展规划。

6.不要把理想当目标

有人觉得一毕业就应该实现自己的理想，如有名校学生在毕业前就确定毕业后的年薪为100万元，等进入职场后发现无法实现。在对自己的职业生涯规划时，要认识到目标是实现理想的各个必经阶段，只有完成了各个阶段的目标才有可能最后完成自己的理想。

（二）职业目标设计的注意事项

确定职业生涯发展目标的依据主要有两个方面：一方面是从宏观上看社会经济发展实际需要和个人所处的就业环境，从微观上看职业对从业者素质的要求；另一方面是“现在的我”和“明天的我”，忽略了任何一个，都会影响目标的正确选择。每个人都应该知道自己在现在和将来要做什么，对于职业目标的确定，需要根据不同时期的特点，根据自身的专业特点、工作能力、兴趣爱好等分阶段制定。在制定人生目标和长期目标时，要多考虑自身因素和社会因素，而制定中期目标和短期目标时，则要更多地考虑组织因素，通过制定个人的短期目标、中期目标和长期目标，以形成完整的个人目标体系。

职业目标设计的注意事项：（1）尽量分解目标；（2）不求快速达到或实现目标；（3）不要求制定很多目标或目标彼此无关联，即目标要符合社会与组织的需要；（4）目标的可持续与不中断；（5）目标要高远但绝不能好高骛远；（6）目标幅度不宜过宽；（7）注意长期目标和短期目标间的结合；（8）目标要符合自身特点，并使其建立在自身优势之上。

（三）职业目标设计的步骤和方法

职业目标是长远目标、阶段目标、各类目标的能力结构、行动计划四部分内容的集合体，其具体步骤和方法归纳如下。

第一步：确定远期目标职位。按照倒叙的思路，基于个人对某些职业的看法，再确定职业目标。

第二步：确定阶段目标岗位的能力结构。职位的晋升实际上是能力素质级别的晋升，因此在确定出不同阶段的目标职位以后，我们应该对这些职位开展针对性的职位分析，详细了解职位的能力素质要求。同样，作为大学生或刚入职的新员工而言，每一项能力后面匹配对应的关键工作有助于加强对其理解和学习。

第三步：编制行动计划。在确定了长期和阶段性目标，详细了解了各种目标的能力素质要求后，为使其具有可操作性，大学生朋友还应该制订达成不同阶段目标和获得与目标对应能力的行动计划。行动计划的主要内容包括应从事的工作事项和应掌握的知识技能、获得途径、完成时间、检验标准等。

第四步：计划滚动修编。在完成上述步骤后，我们就可以沿着规划的路线开始我们职业生涯征程。但随着环境变化，限定性条件的消融等，就要求我们应不断对职业目标和相应的行动计划进行滚动修编，没有永恒不变的目标也没有永恒不变的计划。

第三节　制订职业生涯规划

一、职业生涯规划的要素

按照职业生涯发展的规律，每个人的发展阶段和发展历程都不尽相同，职业生涯规划的重点会有所不同，所要考虑的要素也不尽相同，但是每个人在制订自己的职业规划时，还是有共同的规律可循。我国知名的职业规划专家罗双平用这样一个精辟的“公式”总结了职业生涯规划的三大要素，即：

职业生涯规划 = 知己 + 知彼 + 抉择

“知己”是指对自身的条件进行全面的了解和充分的认识，包括对自己的兴趣、性格、价值观、气质、能力等的认识；“知彼”是指对自己的职业发展的外部环境的探索和有关信息的把握，如组织环境，人力资源需求，政治环境，经济环境等；“抉择”是指在知己知彼的基础上，选择既符合自己兴趣，能充分发挥自己的特长，又符合职业特点，社会环境的职业目标，从而做到择己所长，择己所爱，择世所需，使效益最大化。我们每一个人在做职业生涯规划的时候，只有做到充分认识自我、了解自我，熟悉组织环境、外部条件，才能依此作出正确的选择。

二、制订职业生涯规划的步骤

职业生涯规划不但要寻找你喜欢且适合的工作，也要考虑什么样的工作会带来什么样的生活。科学的生涯规划包含了知己、知彼、抉择、确定目标和行动五大要素，具体依照以下七个步骤进行。

（一）确定志向

确定志向实际上是一个决策的过程，人们在某一领域中有了经验，就会形成他们自己的看法，大学生确定志向就是一个决策的过程，也是从对各种职业的既有看法而开始的。虽然表面上看，大学生没有实际的工作经验，也谈不上依据经验形成某种看法，但只要我们认真分析就会发现，这种所谓的既有经验体现在大学生身上就转换成了其他的影响因素，如主流价值观倾向、先天遗传、后天接受教育情况、对知识和技能的偏好、家庭环境的熏陶和耳濡目染、成长环境等的限定性条件等，也就是说大学生接触到的这些东西就构成了其间接经验，也就有了经验。大学生正是在这些间接经验的反复作用下，在潜意识中形成了对某些职业的看法，正是根据这些看法，产生了与这种看法紧密联系的职业联想，职业联想的形成就构成了志向雏形。

（二）自我评估

自我评估就是对自己进行全面的分析，以达到认识自己、了解自己的目的。在职业生涯规划的过程中，自我评估是不可缺少的一个步骤，是职业生涯规划的基础，关系到职业生涯的成败。在自我评估中，要充分利用各种科学测评手段，如价值观量表、职业兴趣量表、人格量表等，同时结合在校学习、考试情况，老师、同学、亲朋好友的评价以及自我判断。需要注意的是，自我分析要客观、冷静，既要看到自己的优点，又要直面自己的缺点。只有这样，才能避免职业生涯目标选择的盲目性，达到人职高度匹配。

（三）环境评估

判断一项职业是否满足你的需求，需要去了解该职业的工作内容、薪资水平、所需要的技能、工作条件及晋升的机会等。在职业生涯规划中，当你做决定时，就应该对自己的职业选择有清楚的了解。环境因素评估主要包括组织环境、政治环境、社会环境、经济环境。所以，在制订个人的职业生涯规划时，要分析环境条件的特点、环境的发展变化情况、自己与环境的关系、自己在这个环境中的地位、环境对自己提出的要求以及环境对自己的有利与不利条件。

（四）确定职业发展目标

目标是指引我们获取生活中想要获得的东西的路标，职业生涯目标是指一个人渴望获得的与职业相关的结果。在确立目标时，可以这样去做：第一，要知道我们过去以来一直想做的事，这样我们会找到自己的兴趣。我们在最寂寞的时候也不放弃心中那份追求就是自己想做的事情；第二，我们现在能做的，包括知识、经验、技能、思维方式（毕业后应该具备的能力）等，这样能保证我们找到自己的切入点；第三，我们将来要做的。我们的职业期望是什么？将三者结合起来就可以找到自己的职业目标。这样建立的职业目标一旦进入就会坚持下去，因为现在就是在为自己的将来做准备。生涯目标的设定，其抉择是以自己的最佳才能、最优性格、最大兴趣、最有利的环境等条件为依据。从目前的就业环境来看，选择职业发展目标时，切忌贪高贪快。通常生涯目标按时间长短可以划分为短期目标、中期目标、长期目标，我们的目标越具体，实现的可能性就越大。一个具体的目标包括具体的行动方案、条件和时间计划，在确立目标时要先问自己：我愿意为之做出多大的牺牲？ 完成大目标和小目标的时限是多久？目标高到了不能实现的地步吗？在实现目标之后怎样奖励自己？

（五）设定职业发展路线

职业发展路线是指当一个人选定职业之后为实现其职业目标和职业理想所选择的路径。在目标职业选定后，向哪一路线发展，也要做出选择。职业生涯路线要能满足阶段性个人能力培育和积累的要求，要能最终满足目标职位所需具备的能力要求。所以，大学生应该遵循能力培育、积累和提升的特定规律，开展职业生涯路径的设计工作。通常，选择职业生涯路线时需考虑三个问题。

第一，我想往哪一路线发展？

第二，我能往哪一路线发展？

第三，我可以往哪一路线发展？

典型的职业生涯路线是一个“V”字形，“V”字形的两侧分别为行政管理路线和专业技术路线，每条路线都可以划分为许多等级，可以作为自己职业生涯的参考目标。当然，在现代社会中，职业的变换和职业路线的调整是非常普遍的现象，没有人会自始至终待在一个岗位上。

（六）制订行动方案

空有计划无行动，一切便如梦幻泡影。有些同学的职业规划完之后就没有下文了，可是若不行动，选择又有何意义？确定目标后，需要把目标转化成具体的方案和措施。目标与现实之间总是存在差距的，从观念、知识、能力、心理等方面寻找差距，然后制定改进措施，这就是行动方案的制订。我们在制订行动方案的时候要有针对性，要结合每一人生发展阶段的行动计划，行动计划主要有学历提升计划，工作经验计划，结合个人生命周期、家庭周期和职业发展周期三者的综合计划。这些行动计划及措施应该有明确的内容、完成时间、达到的效果、需要做资源准备等详细的内容。

（七）反馈与评估

生涯规划不单是在做人职匹配的工作，而且是一个周而复始的历程。职业生涯规划的评估与反馈过程是个人对自己的不断认识过程，也是对社会的不断认识过程，是职业生涯规划更加有效的有力手段。成功的职业生涯设计需要时时审视内外环境的变化，妥善、快速地将新信息吸纳到你的职业计划中去，调整自己的前进步伐，以一种积极向上的态度应对难以预料的困难。目标的存在只是为我们的前进指示一个方向。而我们是它的创造者，我们可以在不同时间、不同环境下更改它，让它更符合我们的理想。

三、制订职业生涯规划的方法

一份好的职业生涯规划可以使大学生充分认识自己，客观分析环境，科学地树立目标。而要制订出好的职业生涯规划，首先就需要了解和掌握一些职业生涯规划制订的方法。当前，大学生进行职业生涯规划制订的方法有很多，但最常用的有以下几种。

（一）思考圈法

思考圈法就是以循环思考来表述职业生涯规划是身在何处、何以至此、欲往何方、有何资源、何以前往、可知到达等六个要素之间的往返循环过程。

1.身在何处

身在何处就是对目前情况、存在差距的了解与认识，是问题解决开始时所需要的信息。

2.何以至此

何以至此就是分析原因，原因是多方面的，既可能有就业观念、政策支持、领导重视等主观方面的原因，又可能有就业形势、金融危机等客观方面的原因。

3.欲往何方

欲往何方就是选择最优职业并做出临时决策，选择可能性最大的情况，思考并明确就业目标是什么。

4.有何资源

有何资源就是在查看了各种资源后发现的尽可能多的有利资源，并把与目标一致的有效资源进行整合。

5.何以前往

何以前往就是设计一项计划来实施某一临时选择。

6.可知到达

可知到达就是通过对比结果、结论、选择、目标，检验和分析与目标的差距，并总结经验，以打好下一循环的基础。

（二）个人职业生涯发展道路法

个人职业生涯发展道路法也就是 PPDF 法，是将所有员工的个人发展与企业的发展状况紧密联系在一起，它为每个员工都设计了一条经过自己的努力可以实现个人目标的道路，并使个人明确意识到，只有公司发展了，个人的目标才有可能会实现，这实际上是一种十分有效的人力资源开发的方法。

很多企业就是靠它将自己的员工形成一种合力，组成团队，共同为单位的目标去努力实现自我价值。

（三）决策平衡单分析法

决策平衡单分析法是一种卓有成效的职业生涯决策技术。决策平衡单经常在职业咨询中作为协助当事人有系统地分析每一个可能的选项，判断分别执行各选项的利弊得失，然后通过加权计分排定各个选项的优先顺序，以执行最优先或偏好的选项。大学生在进行职业生涯规划时，总是会遇到许多这样或那样的干扰和困难，原本就很棘手的决策也会变得更加复杂和难以操作。决策平衡单分析法可以帮助大学生把模糊的信息清晰化、复杂的情况条理化、错误的观念正确化，并尽可能具体地从各个角度去评价分析各个可供选择的方案，预先对各个方案实施以后可能带来的后果进行利弊得失分析，对于其结果的可接受性进行检验，最终做出成熟的决策。决策平衡单分析法的运用有两个前提条件的限制。

第一，决策者要具备成熟的相关条件。

第二，决策者已经有可供选择的多个职业发展方案。决策平衡单分析法的具体实施步骤如下。

（1）针对某一个可供选择的职业生涯发展方案整理出自己所有的重要想法，从对自己、对他人、对社会等三个不同的角度去分析选择后可能带来的得失，并分析这些得失是否可以接受，原因何在，然后再对应职业生涯细目表，按照重要程度为每一个细目赋值，数值采用的范围一般是“+10”到“–10”。

（2）将其他可供选择的方案按照上述的步骤一一进行思考分析。

（3）依据分数累计得出每一个职业选择的总分。

（4）比较各个方案的得失及得失的大小，并分析得失的可接受性，进而形成自己最终的决策规划。

在运用决策平衡单分析法时，有一点需要注意，即不同的评价细目对于决策的意义不同，在进行上述评价时，可以对每个项目加权计分，而且在实际的平衡单使用过程中，应较为全面地提出职业生涯选项相关的考虑因素，并谨慎考虑赋予每个选项的权重系数，因为权重的大小对最终结果有着直接的影响。

第四节　撰写职业生涯规划书

一、职业生涯规划书的主要内容

职业生涯规划书是职业生涯规划的书面化呈现，包括扉页、自我评估、环境分析、职业选择、生涯策略和评估与反馈等基本内容。

（一）扉页

扉页包括题目、姓名、基本情况介绍（如专业、年级等）、规划年限、年龄跨度、起止时间。其中，规划年限视个人具体情况而定，短则半年，长则5—10 年，一般以 3—5 年为宜。

（二）自我评估

职业生涯规划书中的自我评估可包括个人经历回放、个人性格评估、个人能力判断、个人职业倾向分析、个人职业价值观判断、自我分析与评估总结等内容。

（三）环境分析

职业生涯规划书中的环境分析可包括社会环境分析、学校环境分析、家庭环境分析、行业环境分析、组织环境分析、职业分析、岗位分析和环境分析结论等。

（四）职业选择

选择职业就是选择人生。这一部分包括选择职业方向、判断职业价值、分析职业发展潜力、明确职业发展路径等内容，力求使自己的素质潜能与职业目标实现最佳配合。

（五）生涯策略

职业生涯规划书中的生涯策略可包括长期、中期、短期的职业生涯计划，各阶段计划的分目标，计划内容（专业学习、职业技能、职业素养），计划实施策略等。

（六）评估与反馈

职业生涯规划书的评估与反馈可包括预评估的内容、可能存在的风险、风险应对方案等内容。

二、职业生涯规划书的基本格式

（一）表格式

表格式的职业生涯规划书一般仅包括个人情况基本介绍、职业目标的说明、各阶段规划任务与发展策略。它是一种简约直观的职业生涯发展设计文件，有的只相当于一份完整的职业生涯规划书的计划实施方案表，这种格式的规划书更适合用作阶段任务的提示。

（二）条目式

条目式规划书包含一般职业生涯规划书的主要内容，但语言表述简单，以条目形式一一列出，缺乏详细的材料分析和评估，简单明了，规划过程的逻辑性不强。

（三）论述式

论述式规划书通常格式完整、规范，通过对自身条件、职业人士以及职业目标的定位分析来说明职业生涯规划的依据，对个人职业生涯的选择规划进行全面而详尽的分析和阐述，以充分反映规划主体的内心思考过程。

第五节　大学生职业生涯规划的实施

一、职业生涯规划的实施意义

职业生涯规划的目标设定好之后，大学生应根据这一目标制订配套的实施方案，并依据实施方案行动。如果说目标是结果，那么实施方案就是过程，是根据目标所制定的为了达到目标而必须采取的行动措施。有没有实施方案，决定了个体是主动地接近目标，还是被动地适应外界环境。

在现实生活中，经常有人做事半途而废。究其原因，有很多是因为目标过大、过高，在实施的过程中，没有对目标进行阶段性的分解并制订科学、可行的实施方案，最终导致自己离目标越来越远。因此，在制订职业生涯规划的实施方案时，应该把大学四年的总体目标分解成一个个具体的阶段性目标，并制订出一个个相应的阶段性实施方案。这样只要坚持实施这些阶段性方案，完成这些阶段性目标，大学四年的生涯目标就一定能实现。

制订大学生职业生涯规划实施方案，应与职业生涯规划的目标一致。例如，职业生涯规划中有大学四年的发展目标，有在发展目标下制订的学业目标、生活成长目标和社会实践目标等内容，也有以年度、学期、月、周、日为规划单位的阶段性目标。根据这些目标，分别制订出三年、两年、一年的实施方案，以及一月、一周、一日的行动计划。计划制订完成后，再将一日、一周、一月的计划实行下去，直至实现自己的一年、两年、三年和四年目标，让自己的大学生活始终处于“有目标、有方案、可测、可调”的状态下。

二、大学四年的规划实施方案

大学四年的规划实施方案是根据自己的毕业发展目标制订的行动方案，可以年度为单位来制订行动计划。例如，自己学习的是英语专业，设定自己的发展目标是大学毕业后考研，那么在学业上就要高质量地完成本专业要求的理论和实践课程，以加强英语能力，提升政治理论水平。

（一）年度（学期）行动计划

年度或学期行动计划是为了完成年度任务而制订的配套实施方案。例如，要在第一学年通过高校英语应用能力考试，就要完成单词量的积累，或者在考前 3 个月内规划学习进度，分配时间完成单词准备、语法提升以及阅读和翻译能力的提高，考前 1 个月做模拟考试练习和考试技巧的培训等。

（二）月度行动计划

月度行动计划围绕月度目标来制订，应以每周为单位来安排任务。例如，若计划本月完成3000个单词的学习，则前两周可安排每周 1000个单词的学习，后两周安排每周 500 个单词的学习等。在这些计划中，都应包括要做的工作、应完成的任务，以及对数量和质量的要求等。

（三）周行动计划

周行动计划围绕周目标来制订，应以“天”为单位来制订行动方案。还是以英语学习为例，如果一周要完成1000个单词的学习，那么每天至少要完成150—200个单词的积累。

（四）日行动计划

日行动计划围绕每天的目标来制订，一般会具体到每个小时的任务安排。例如，每天早上和晚上各安排一个小时的英语学习。每天晚上进行当日总结和浏览第二天的计划。需要注意的是，大学生在制订计划的同时，也应给自己留出足够的休息和休闲时间。

第五章　大学生求职就业能力与提升

当代大学生面临着更多的机会与压力。为了更好地迎合社会发展的趋势，大学生需要对自身的求职就业能力给予充分的认知与准备，只有有效提升自身的就业能力，才能在毕业走入社会时顺利实现就业。本章重点研究大学生求职就业能力提升路径。

第一节　大学生的就业权益与法律保障

一、大学生权益保护

由于大学毕业生就业市场还不够规范，有的用人单位也往往从自我利益出发，侵犯毕业生的合法权益。知法守法护法是对每一个公民的基本要求，大学毕业生在就业过程中，如发生个人合法权益受到侵犯，应勇敢地拿起法律武器来保护自己的权益。对自身权益的保护主要通过以下途径来实施。

（一）毕业生就业主管部门的保护

毕业生就业主管部门可通过制定相应的规范来确定毕业生的权益，并对侵犯毕业生权益的行为以抵制或处理。

（二）高校的保护

高校可以通过制定各项措施来规范毕业生就业指导和就业推荐，对于用人单位在录用毕业生过程中的不公平、不公正行为，学校有权予以抵制，以维护毕业生公平享受录用权。

（三）毕业生自我保护

大学毕业生权益维护是一个系统工程，其中毕业生是根本因素。每一位大学毕业生都要学会依靠自身力量维护权益，不应当过度依赖学校和社会组织。因此，毕业生要增强自身的保护意识，学会用法律手段维护自身合法利益。

1.增强自身的保护意识

第一，毕业生应对国家有关毕业生就业的相关政策法律等有深入了解，这是大学生能够进行自我保护的前提。

第二，大学生应该自觉遵守有关法律法规对自己的制约，同时不侵犯其他毕业生的合法权益。

第三，在用人单位接受大学毕业生的过程中，大学生也应该进行自我保护，对侵犯自己合法权益的行为坚决抵制。

第四，在自己的合法权益被侵犯时，大学生要学会运用法律武器保护自己。

2.增强自身的诚信意识

大学毕业生在就业求职的过程中，无论是自荐、应聘、面试、笔试还是洽谈就业意向，都应本着诚实守信、平等优先的原则，以自身实力参与竞争。

3.增强自身的证据意识

大学生一定要有证据意识，因为法律是靠证据来说话的，所以，大学生凡事要多留心，留好证据，如单位招聘时的海报、与单位往来的传真、邮件等，以便将来在仲裁或诉讼时支持自己的观点。

4.增强自身的维权意识

大学生在就业过程中其就业权益遭遇侵害的情况时有发生，我国古语说，天助自助者，大学生要不断增强维权意识，切实维护自己的合法就业权益。

（1）熟悉法律政策

大学生应熟悉法律政策中保护劳动者就业权益的相应规定，知道自己有哪些权益，招聘单位和职业中介的哪些行为是侵犯自己就业权益的，维护就业权益的途径和方法有哪些，这是维护就业权益的前提。

（2）保持良好心态

在就业难的背景下，大学生求职时相对处在弱势地位，但是大学生应该保持良好的心态。保持一颗平常心，不要片面追求高薪而受骗；不迁就招聘单位的无理要求；敢于向招聘单位询问所关心的有关重要信息。

（3）及时反映投诉

如果在应聘中遇到自身合法就业权益受到侵犯，要根据情况的严重程度，及时反映投诉。

①向学校反映情况，由学校老师给予帮助指导和协调。

②根据情况可以向用人单位上级主管部门申诉，也可以提交给当地的人事或劳动争议仲裁机构进行调解和仲裁。

③可以直接向人民法院提起诉讼。

④要注意保存招聘单位或职业中介的侵权证据。

二、大学生就业政策保障

我国政府和社会各界都非常重视大学毕业生的就业工作。从中央到地方，各级政府都制定了关于推进毕业生就业的政策，动员并支持社会各界、各行业、各单位以最大的可能性接收大学毕业生就业，并且形成了引导和鼓励高校毕业生到基层、艰苦地区、中小企业、非公有制企业等单位就业的一系列政策和较为完善的就业制度。

（一）国家层面

面对着严峻的就业形势，国家制定出了一系列政策，以促进大学毕业生顺利就业。

（1）鼓励和支持高校毕业生到基层工作。支持高校毕业生参与支教、支农、支医、扶农，到基层挂职锻炼。对于愿意到基层工作的毕业生，国家将根据工作需要从中选拔优秀人员到县、乡机关和学校及其他事业单位担任重要工作，或充实到基层金融、市场监管、税务、公安等部门工作，并明确规定以上单位的人员和专业技术岗位，原则上都要具备大学以上学历并要有相关的专业证书。

（2）国家在一些特定行业和部门专门招收大学毕业生就业。具体有公务员招考录用、事业单位招收录用、大学生应征入伍、农村特岗教师、西部志愿者计划等。

（3）建立毕业生失业登记制度。国家要求各级政府为每年9月1日后未能就业的毕业生办理失业登记，劳动和社会保障部门所属的公共职业介绍机构和街道劳动保障机构应免费为其服务。对已登记失业的高校毕业生，有条件的城市、社区可组织其参加临时的社会工作和社会公益活动。对于因患病等原因短期内无法工作且无固定经济来源的高校毕业生，可由民政部门参照当地城市低保标准予以临时救济。

（二）学校层面

学校设有专门机构负责毕业生就业创业工作。学校有专门校级领导负责大学生就业创业工作，有专门的就业处或就业创业指导中心负责大学生就业创业全方位的工作。其主要职责是落实上级关于大学生就业创业的政策规定，设计并开设就业创业课程，搭建职业需求信息平台，组织各类招聘洽谈会，全程帮助和指导大学生就业或创业，办理派遣、户口迁移等手续。

加强对大学生就业创业教育培训和指导。各学校按照上级要求并结合社会需求，大都成立了就业创业教育教研室，专门开设了就业创业课程，帮助大学生认清就业创业形势，拟订职业生涯规划，为顺利就业、创业做好各方面的准备。

建立就业创业需求信息平台，鼓励毕业生应聘。各高校利用各种媒体广泛收集和发布需求信息，为大学生提供真实可靠的用人单位供毕业生择业，尽最大努力实现毕业生的充分就业。

与用人单位建立广泛联系和合作，推荐毕业生就业。各高校与社会各界及企事业单位都建立了广泛的联系与合作，特别是与用人单位的关系更为密切，其联系合作的方式多种多样。在毕业生就业上的合作有联合培养、定向培养、订单培养、免费培养、来校招聘等，极大地扩展了毕业生的就业渠道。

定期召开不同类型的招聘会，促进毕业生就业。在毕业生择业期间，学校会组织多种类型的招聘会，有学校单独组织的，有几所学校联合组织的，还有学校和人事部门共同组织的。毕业生在招聘会期间，可以与用人单位充分交流洽谈，签订招聘协议。

协助毕业生解决在就业创业过程中遇到的各种问题。学校就业创业指导部门有专门的工作人员负责接待和处理毕业生在就业创业过程中遇到的问题，如办理派遣手续、档案转移手续、户口迁移手续，补发相关证书，解决在办理各种手续过程中出现的问题，协助毕业生解决就业创业过程中发生的纠纷，维护毕业生的权益。所以，大学生必须做好职业规划，同时要认真实施职业规划。

三、大学生就业的法律保障

大学毕业生的权益是通过与用人单位签订就业协议书和劳动合同的方式确定下来的，所以也要通过此种途径保护自己的合法权益。

（一）就业协议书

1.就业协议书的内容

就业协议书的内容（见表5-1）。

表5-1　大学生就业协议书内容

毕业生情况及意见	姓名		性别		年龄			民族	
	政治面貌		培养方式			健康情况			
	专业			学制			学历		
	家庭地址								
	应聘意见： 毕业生签名：　年　月　日								
用人单位情况及意见	单位名称					单位隶属			
	联系人		联系电话			邮政编码			
	通讯地址			所有制性质		□全民 □集体 □合资 □其他			
	单位性质	□党政机关 □科研事业单位 □学校 □商贸公司 □厂矿企业 □部队　　□其他							
	档案转寄详细地址								
	用人单位意见： 签章 年　月　日				用人单位上级主管部门意见： （有用人自主权的单位此栏可略） 签章 年　月　日				
学校意见	学校联系人		联系电话			邮政编码			
	学校通讯地址								
	院（系、所）意见： 签章 年　月　日				学校毕业生就业部门意见： 签章 年　月　日				
备注	（补充条款）								

2.填写就业协议书的注意事项

填写就业协议书的注意事项（见表5–2）。

表5–2　毕业生就业协议书填写注意事项

项目	注意事项
学生项目	1.专业名称应为学生现在的专业名称，务必与学校登记的专业名称完全一致，不得误写、简写，以免造成麻烦 2.落户地址应填写毕业生在毕业后，户口将迁往的地址
单位项目	1.用人单位名称与单位公章一致，不要简写、误写或写别名 2.用人单位性质填写单位的经济类型，如国有、独资、合资、民营、私营等 3.档案接收（单位名称、邮政编码、详细地址）：填写清楚用人单位的人事档案保管单位的全称和地址，用于学校邮寄毕业生档案材料。有人事档案保管权的单位（如国家机关、国企、高校、省直属单位等）可写单位地址。无人事档案保管权的单位（如外资、私营、民营等）应填写其委托保管档案的地址，如某人才市场等
甲乙双方协商达成补充条款注意事项	1.服务期、见习期等条款，必须明确填写 2.各项福利、违约金等最好注明多少，若不注明，易引起纠纷 3.甲乙双方可就有关事项协商达成附加条款，如乙方就读本科或研究生，或乙方未获得毕业证书（学位证书）或甲方有何特殊的体检要求等均可在协议中写明

（二）劳动合同

1.劳动合同的形式

劳动合同的形式通常根据劳动合同的期限来划分。《劳动合同法》第十二条规定：“劳动合同分为固定期限劳动合同、无固定期限劳动合同和以完成一定工作任务为期限的劳动合同。”

（1）固定期限劳动合同

固定期限劳动合同是指用人单位与劳动者约定合同终止时间的劳动合同。用人单位与劳动者协商一致，可以订立固定期限劳动合同。劳动合同期限届满，双方的劳动关系即告终止。但如果双方同意，劳动合同也可以续订。这类劳动合同在具体期限上，可以由双方当事人根据工作需要和实际情况来确定，时间可长可短，但劳动合同的起始时间和终止时间是明确的。

（2）无固定期限劳动合同

无固定期限劳动合同，是指用人单位与劳动者约定无确定终止时间的劳动合同。用人单位与劳动者协商一致，可以订立无固定期限劳动合同。

（3）以完成一定工作任务为期限的劳动合同

以完成一定工作任务为期限的劳动合同，是指用人单位与劳动者约定以某项工作的完成为合同期限的劳动合同。用人单位与劳动者协商一致，可以制定以完成一定工作任务为期限的劳动合同。该项工作或工程开始的时间，就是劳动合同履行的起始时间，该项工作或工程一旦完成，也意味着劳动合同的终止。因此，这类合同与固定期限的劳动合同有相同之处，但在表现形式上有所不同。

2.签订劳动合同的注意事项

签订劳动合同是大学生就业后面临的第一个考验。为避免大学生遭受不必要的挫折和损失，我们将有关大学生在签订劳动合同过程中应注意的事项介绍如下。

（1）及时与用人单位签订劳动合同

大学生报到后，用人单位应当与大学生签订正式的劳动合同，在双方签订了劳动合同后，双方的具体劳动关系应当以劳动合同为准。如果不签订劳动合同，用人单位则可能以《毕业生就业协议书》为双方处理劳动关系的依据，主动权更多地掌握在用人单位手里。

（2）明确劳动合同的必备条款

个别用人单位可能会钻劳动合同的空子，有意在工作内容、劳动报酬、劳动保护和劳动条件等劳动合同的必备条款方面侵害劳动者的合法权益。劳动关系应以书面文书为基础，口头承诺不能作为依据。

（3）大学生有“知情权”，应了解用人单位的相关的规章制度

在签订劳动合同时，不少单位可能会给大学生一本员工工作手册或规章制度等材料，此举意味着单位已告知相关规章制度。因此，发现合同中有涉及单位规章制度的条款，应当先了解这些规章制度，只有可以接受，才能

签字。

（4）签订劳动合同贵在协商、重在约定

劳动关系属于民事关系。所以它也适用“有约定从约定，没有约定从法定”的法律原则。由于一般的合同往往不可能包含所有约定条款，所以我们可根据自己劳动合同的重点，确定约定条款的内容。从劳动争议案例来看，在约定条款中，比较容易引起矛盾的往往是在服务期限、竞业限制、商业秘密、经济赔偿等方面，这也就是劳动者和用人单位都要重视的约定内容。

第二节　大学生的就业准备与就业技巧

一、大学生的就业准备

（一）就业信息的准备

1.搜集就业信息的内容

（1）就业市场形势信息

就业市场形势信息包括社会经济发展形势、国家的经济发展战略、产业结构的调整和变化等，大学生一定要了解就业市场形势信息，以便不断丰富自己的知识，提高自己的能力，使自己成为符合社会发展需要的人才。

（2）就业招聘活动信息

就业招聘活动信息包括召开企业说明会、宣讲会的时间、地点，举办招聘会或供求洽谈会的时间、地点，网上招聘的具体流程和实施方案。

（3）就业政策信息

就业政策信息是指政府为了解决现实中大学毕业生就业问题制订和推行的一系列方案及采取的措施，如选聘大学生村干部、大学生志愿服务西部计划、基层就业等一系列政策信息。近年来，为保障大学生就业，中央和各地方政府先后颁布了一系列有利于大学生就业和鼓励大学生创业的政策法规，了解这些就业政策是大学生求职择业的重要一步，对大学生求职择业会起到事半功倍的效果。

（4）用人单位信息

用人单位信息包括用人单位的名称、地址、经营状况、发展前景、企业文化、福利待遇等，只有对用人单位有充分的了解，才能选择更适合自己的单位，也才能在用人单位中快速地找到自己合适的位置，不断提高自己，使自己更好地融入集体。

2.搜集就业信息的方法

可以采用一定的方法来搜集就业信息，概括来说，这些方法主要包括以下几种。

（1）定区域搜集法

定区域搜集法即求职有明显的地域倾向，这种方法根据个人择业的地域选择来搜集就业信息。

（2）定方向搜集法

定方向搜集法即参考自己的实际情况和个人兴趣，以行业为优选对象，搜集与本行业范围有关的信息。

3.搜集就业信息时应克服的心理误区

具体来说，大学毕业生在搜集就业信息时应克服以下几个心理误区。

（1）定式思维

在日常生活中往往由于习惯而形成定式，而在搜集就业信息的过程中也存在着一些定式，主要表现在以下几个方面。

第一，只搜集与本专业有关的信息。

第二，只搜集招聘信息，不搜集就业政策信息、咨询信息等其他信息。

第三，只选择自己熟悉的信息搜集途径和方法。

第四，只一味选择那些工作较稳定的就业信息。实际上，由于现代社会的竞争激烈，每个人都有可能遇到职业转换的问题。

（2）依赖盲从

依赖盲从的心理误区主要表现在以下几个方面。

第一，有的大学生在搜集就业信息时抱有强烈的依赖心理，他们寻求父母和教师的帮忙，希望他们可以为自己提供现成的、有用的各种信息，并且能够为自己进行筛选，这是一种典型的依赖盲从的心理，对于职业发展极为不利。

第二，有的大学生在搜集信息时随大流，看别人搜集什么信息，自己也跟着搜集什么信息，结果导致自己所搜集到的信息完全不适合自己。

其实，每个大学生在搜集就业信息的时候都会存在或多或少的依赖心理，因为对他们来说，刚开始搜集信息是一种尝试的状态，他们会或多或少地存在担心，希望父母或者其他人可以帮助自己，但对于这种心理，有的大学生能够克服，有的则任其发展，最后导致我们得到的结果完全不同。对于大学生来说，应该努力克服依赖盲从的心理，以便能够及时准确地获取到适合自己的就业信息。

上面所列的这些心理误区极大地限制了求职者搜集信息的效率，不利于成功选择。因此，每一位大学毕业生在择业过程中都要注意自我的心理调适，克服其不利的影响，以积极的良好心态去应对人生的每一次挑战。

（二）就业知识的准备

当今的大学生要想在就业的大潮中立于不败之地，就必须拥有合理的知识结构。当然，大学生的知识结构没有一个固定不变的模式。但从大学生就业角度考虑，必须具有以下几个方面的知识。

1.扎实的基础知识

大学生在毕业前，必须掌握扎实的基础知识，积极拓展自己的知识面，只有这样才能有效地拓宽自身的择业面，给毕业后的择业、就业创造更多的机会。

2.广博的相关知识

大学生知识面偏窄的问题早已存在。其主要表现为非专业知识的贫乏，甚至出现过文科生不知爱因斯坦、理科生不知曹雪芹的笑话，而实际社会中对“通才”的需要却远远大于对“专才”的需要。作为一名大学生，应该利用在校学习的时间，不断完善自身的知识结构，如果知识面太窄，则难以适应工作的需要。缺乏本行业的专业知识，就无法实施具体的工作。因此，在大学学习过程中，应把这两方面结合起来，努力成为复合型人才。同时，不能仅仅是对过去及现有知识的继承、积聚、掌握与应用，更要实现知识的不断更新，以适应知识经济时代的需要。

3.精深的专业知识

专业知识是指大学生在大学期间需要学习的本专业的学科知识，是大学生走向社会，成功就业的前提，只有拥有了精深的专业知识，才有可能自信地努力去提高自己，让自己成为更好的自己。

（三）就业能力的准备

1.良好的创新能力

大学生要想具备良好的创新能力，就必须首先要具有良好的创新思维。创新思维能够摆脱成见、构筑新意、在认识上产生新的突破性思维，是人类的一种高级思维活动。它是抽象逻辑思维与具体形象思维的统一、分析思维与直觉思维的统一、顺向思维与逆向思维的统一、发散思维与聚合思维的统一、智力与非智力因素的统一。若思维活动怠惰，就不可能有创新。

2.健康的身心素质

无论是学习和掌握先进的科学技术，还是适应紧张的社会生活和工作，都离不开强健的体魄。

大学生体质达标，是毕业必备条件之一，大学生应具有良好的体能及健康的体质。这主要从身体形态、身体机能、身体素质、体育课成绩、课外体育锻炼等方面进行综合评定，具体考核的指标包括体重胸围、身高、肺活量、视力等。

3.良好的学习素质能力

不同的知识体系只有处于一个合理的结构之中，才能使其静有其位、动有其规、各显其能、优势互补。知识结构因人才类型、层次而异，不存在固定的普遍的模式。目前，学术界提出的比较有代表性的知识结构有三种模式。

第一，强调基础理论宽厚扎实和专业知识广博精深的宝塔型知识结构。

第二，强调知识广度与深度统一的网络型知识结构。

第三，强调个体知识与整体知识有机结合的帷幕型知识结构。

这三种知识结构虽各有不同，但每一种模式都表现出博而不杂、专而不偏、基础雄厚、适应性强的共同特征。

4.与他人团结协作的能力

合作精神是处理人际交往关系的重要伦理准则，当今时代，竞争已经成为一种新的道德品质，然而，竞争与合作是共生共存的。不能为了团结合作就放弃正当的竞争，同样地，也不能因为竞争而破坏团结与合作的人际关系，合作精神也是当代大学生在处理交往关系时应当具备的道德品质。

（四）就业材料的准备

可以按照以下几个步骤来整理就业材料。

1.搜集材料

以择业目标为中心，围绕择业目标所需的专业特长、知识结构和能力等进行搜集，注意专业特点、个人能力与行业特点的统一。

2.分类整理

一般将搜集到的众多原始材料按个人简历性材料、专业学习材料、特长爱好材料、社会实践材料、奖励评论性材料等进行细分。

3.编辑审查

对分类后的材料进行汇总编辑，检查是否有遗漏。材料含糊甚至与实际情况有出入的，要撤除或修补。

4.汇总分析

把同类型的材料集中起来，然后对材料的使用价值进行自我分析评估，最后再把材料依其价值评分，分清主次，逐一罗列出来。

5.合理编撰

根据应聘目标的具体情况，合理取舍，有机组合，以充分体现择业者的优势与特长。

二、大学生的就业技巧

（一）择业笔试的应对策略

笔试是招聘单位采用书面形式对应聘者进行考查和评估的一种测试形式，是大学生求职应聘的一个重要环节。笔试考查范围一般包括基本知识、专业知识、文化素养和心理健康等，实际是考查应考者的综合素质。由于笔试成绩具有真实、客观、公正及便于排序等特点，所以笔试是各类招聘单位所普遍使用的考查方式，熟悉和了解求职中的笔试环节对毕业生来说十分必要。

1.笔试的形式

从考试的方式上看，笔试可以分为现场集中答题和远程在线答题，还可以分为开卷考试和闭卷考试。

（1）公务员招聘的笔试形式

省级、市（地）级、县（区）级公务员考试的笔试与国家考试形式基本一致，具体要求还需报考者认真阅读其招聘公告。各个地方的考试科目为地方自拟，有意报考地方公务员考试的毕业生要注意查阅当地政府公布的招考简章，以便有针对性地进行复习。

（2）事业单位招聘的笔试形式

事业单位考试又称“事业编制考试”，这项工作由各用人单位的人事部门委托省级和市、地级的人事厅局所属人事考试中心命题和组织报名、考试，提交用人单位成绩名单，部分单位自行命题组织实施。目前尚无全国统一招考，省级、市（地）级、县（区）级各个单位统一招考，一般规模大的采取网络报名的方式，人数少则采取现场报名的方式。招考公告一般情况下发布在省级、市（地）级、县（区）级的人事厅局所属的人事考试中心的网站上，笔试和面试分数基本上各占一半，有些地区笔试与面试成绩比为4∶6，一般无最低分数线，按分数从高到低择优录取。[①]

① 姜相志，吴玮.新编大学生就业指导[M].哈尔滨：哈尔滨工程大学出版社，1999.

（3）企业招聘的笔试形式

企业招聘的笔试形式较为多样化，笔试程序有现场集中笔试的，也有远程在线答题的；考查类型有闭卷考试的，也有采取开卷形式的；笔试时间由企业灵活安排；笔试的内容、各部分所占权重以及计分和晋级规则；等等，均由招聘企业设计安排。但部分行业和一些成熟企业会依据多年招聘经验而形成较为规范的笔试形式，毕业生们需要关注相关行业和企业在往年招聘中的笔试形式。

很多公司都非常看重应试者的守纪与诚信，因此考试中应遵从监考人员的指示，在没有得到指令的情况下翻阅试卷，很有可能被取消笔试资格。大学生们要明确一点，笔试不仅仅是一场考试，也是求职过程中的一个环节，考场上的表现很可能会影响到之后的面试。

2.笔试的准备

无论公务员考试、事业单位考试还是企业招聘考试，其笔试都是一种能力测试，大学生应注重平时的知识积累和综合素质的提高，注重在学习过程中将专业知识融会贯通，不断地提升自己的综合素质。

先易后难，先简后繁。笔试题型多，内容多，又要限时，必须合理安排答题时间。了解题目类型、难易程度、分数多少，根据先易后难、先简后繁的原则确定答题步骤。

除了对笔试形式和内容做到细致的了解外，大学生还应充分重视准备考试文具及关注考试时间、地点，安排考务行程。

大学生还需规划好考试行程。如果考试地点在当地，一般情况下考试当天通往考点的道路通行压力增大、公共交通压力增大，大学生需较平常提早出发。如果考试地点在异地，则应注意安排好长途客运时刻表及异地住宿，以确保按时从容地参加考试。

（二）择业面试的应对策略

面试是招聘单位以当面交谈的方式对应聘者进行考察的形式。面试是招聘单位直观地了解应聘者求职动机、就业意向、表达能力等的有效方式，同时也是应聘者向招聘单位详细了解就业环境、工作内容、福利待遇等的宝贵时机。面试是招聘过程中具有决定性的环节，应聘者的面试表现往往是招聘单位作出决定的重要依据。本节将介绍面试的形式与内容、面试的准备和面试的应对策略，以帮助大学生在面试中脱颖而出。

1.面试的准备

求职面试时，大多数面试考官会要求应聘者做一个自我介绍，一方面以此了解应聘者的大概情况，另一方面考察应聘者的口才、应变和心理承受能力、逻辑思维能力等。千万不要轻视这个自我介绍，它既是打动面试考官的敲门砖，也是推销自己的极好机会，因此一定要好好把握。

例如，面试交谈完毕，要礼貌起身。起立的动作最重要的是稳重、安静、自然，绝不能发出任何声音。入座通常由左边进入座位，起立时也由左边退出。另外，求职面试准备中不可忽视的还有衣着装扮，大方得体的面试着装，可使大学生们在面试时更有信心。准备服装时应首先考虑应聘单位的性质及应聘的职位。如果应聘单位规定穿制服的话，可以准备整洁大方的套装；如果是网络公司的话，可以着便装；如果应聘销售、公关等职位的话，穿深色或灰色的套装会比较合适。服装问题应该在面试前一天晚上就决定，并准备好。

2.面试的应对方法

随着社会的发展，人类文明程度越来越高，许多企业都越来越重视企业文化和企业形象，所以企业在招聘人才时都比较重视应聘者的礼仪和风度，并且一个人的礼仪和风度也可反映出一个人的素质高低。

（1）准时赴约。守时是职业道德的一个基本要求，从中可以看出应聘者的信用程度。面试者最好在通知面试时间之前10分钟到达面试会场，过早到达或迟到都不好，因为从求职者到达面试会场的时间可看出其对时间的管理观念。如果临时发生不可抗拒的意外情况不能按时赴约，应及时通知用人单位，并表示歉意。

（2）礼貌通报。进门前，一定要有礼貌地通报负责面试的人员，如果门关着，应先轻轻敲门，得到许可后方可进入面试室。如果主试人安排在某处等待，则要听从安排，耐心等待。

（3）正确招呼。进入面试室后，主考者就会开始考察，即可视为面试的开始。应聘者首先要有礼貌地和主考者打招呼，可点头微笑，也可问候，如

“上午好”“下午好”“各位领导好”等，如果知道对方的姓氏和职务，也可采用姓氏加职务的称呼形式和对方打招呼，如“刘总，你好！”“李处长，下午好！”等。如果主试人没有主动握手，就不要自作多情去握手。

（4）谈吐文明。要注意讲话的语调、声音的高低、语速等。谈话时做到真诚、乐观、热情、大方，要条理清楚，不卑不亢，不可用自负的方式和语气说话，话不要说过头，当然，也不必太谦虚。不要随便打断对方的话，必要时，先说声“对不起，我想打断您一下”，然后再插话。不要轻易反驳，要不时点头表示赞同。讲话时不可有太多的手势或口头禅，让人看了或听了不舒服，谈话中更不可出现不文明的词语。讲话时普通话力求标准，最好不用方言，若是涉外单位，要做好用外语面试的准备。

（5）适时告辞。当主考者示意面试结束时，应微笑起立，感谢用人单位给予面试的机会，然后道“再见”。如果招聘方对面试的时间没有硬性规定，应聘者也要掌握面试时间的长短，觉察面试高潮已过，应聘者就要把该说的话说完，然后站起身来，微笑道别。社交中有一条秘诀：长谈一次不如多见几次面。

（6）学会倾听。学会倾听是交流中一种重要的技巧。在面试中倾听主考者谈话时要做到以下几点：一是目光要专注，并不时地与之进行目光交流，要让自己的视线停留在对方鼻以下胸以上的范围内。二是面带微笑，用点头来对主考者的谈话做出反应，并适时说些简短而肯定对方的话语，如“对”“可以”“是的”等等。三是身体要稍稍前倾，手脚不要随便动。四是偶做笔记，一方面可记住一些重要的内容，另一方面会让对方觉得高兴。五是边聆听边思考，待对方说完后，立即提问，这样可显示思维敏捷，并且重视对方的谈话内容，可给主试者留下深刻而良好的印象。

（7）注意语言表达。在语言表达方面要做到两点：一是表达清楚准确，通俗易懂；二是语言动听，富有真实感和吸引力。应聘者在面试谈话中要注意掌握以下几种语言表达技巧：①简明扼要。抓住要点，简单明了，是参加面试的第一个重要技巧，也可在主试者心目中留下一个思维清晰、办事干练的印象。②通俗朴实。所谓“大巧若拙”，在面试中语言一定要通俗易懂，不要卖弄文采，弄得文绉绉、酸溜溜的，既让人不明白，又让人反感。另外，说话要实在，不要夸夸其谈，把话说得太过头，会给人造成华而不实、浮躁的坏印象。③生动幽默。幽默是人际交往中最佳的润滑剂。用生动幽默的语言营造融洽和活跃的谈话气氛，可为面试大大地加分。④注意语调、语速、音量。要注意语调和谈话内容相配合，该升时升，该降时降。语速要适中，既不能像打机关枪，也不能慢条斯理，而应该不快不慢。音量要适中，要根据和主试者的距离决定音量大小，以每个招聘者都能听清的讲话为原则。⑤适当运用手势。在谈话过程中适当运用手势可加强语言的感染力，加深印象，但手势幅度不宜过大，手势要简练，不要太频繁。

（三）考察考核的应对策略

招聘中的考察考核，是指招聘单位依据相关条件、标准和程序，对拟聘用人员进行的专门性的考察和评价。考察考核有利于招聘单位全面客观地了解应聘者，为录用后的依特长定岗提供依据。

1.考察考核的方式

招聘单位对应聘者的考察考核方式一般有两种：定向考察考核和情境考察考核。

（1）定向考察考核，即招聘单位到应聘者所在大学相关部门细致地了解应聘者的情况，包括核实应聘者的学习成绩、各种奖项和证书、证明材料等，并通过和任课教师、辅导员及同学交谈，了解应聘者的品行、人际关系、组织协调能力、应变能力、身心健康状况等。

（2）情境考察考核，即招聘单位把应聘者分成若干个小组，通过小组讨论或完成某一特定任务对应聘者进行考察考核。

2.考察考核的内容

（1）学习能力

对应聘者学习能力的考察，可以从德智体美劳五方面进行。德，评价应聘者是否具有良好的道德品质和正确的政治观念；智，评价应聘者是否具有系统的科学文化知识、专业技能；体，评价应聘者是否具有健康的体质；美，评价应聘者的审美观、鉴赏和创造美的能力；劳，评价应聘者的劳动观念和劳动技能。

（2）实践能力

应聘者实践能力由基本社会实践能力和专业社会实践能力构成，基本社会实践能力包括认知能力、表达能力、人际交往能力、组织管理能力、自主学习能力、一定的外语和计算机应用能力，专业社会实践能力包括专业操作能力、分析和解决问题的能力、开辟和创新的能力。招聘单位对应聘者实践能力的考察主要从以上方面进行。①

（3）团队协作能力

团队协作能力，是指建立在团队基础上，发挥团队精神、互补互助以达到团队最大工作效率的能力。对于团队成员来说，不仅要有个人能力，也需要有在不同位置上各尽所能、与其他成员协调配合的能力，团队协作能力是招聘单位考察应聘者的重要方面之一。

3.考察考核的原则

考察考核作为招聘单位录用的环节之一，事关招聘过程的严谨高效和招聘效果。在考察考核过程中应遵循以下原则。

（1）考用结合的原则。招聘单位对拟聘用者的考核结果，事关该应聘者被录用后的岗位分配、培训和待遇等，招聘单位对应聘者的考察考核结果具有重要意义。

（2）客观、公正、公开的原则。客观即实事求是地对应聘者做出评价，全面反映其学习和实践能力，避免主观性；公正即对应聘者的考察考核遵循相关规定的程序；公开即招聘单位对考察考核的目的、内容和标准等，能够公开程序，广泛接受质疑。

（3）全面考察和重点考察相结合的原则。全面考察即对应届生应聘者的德智体美劳等方面逐一考察：重点考察即在全面考察的基础上，着重考察某方面或某些能力。

4.考察考核的准备

应届毕业生往往不具备直接进行业务操作的能力，基本上都要经过系统培训，所以学习能力和求知欲是重点考察内容，很多企业都坚持这一原则。

① 刘新玲等.大学生就业导航[M].厦门：厦门大学出版社，2000.

（1）准备身份证信息、学历证书和专业资质证明

目前，假证书、假文凭充斥社会，尽管应聘者提供了学历证书，招聘单位还是需通过官方的手段进行核实，才能确保真实。应聘者应提前与毕业院校学籍档案管理方面沟通，支付自费的查询和复印、邮寄费用，以保证能够及时提供准确的毕业信息给招聘单位。及时向招聘单位提供专业资质的相关信息，以便招聘单位到相关的专业认证网站上查询，如律师资格证、会计资格证、工程建造证等都有相关的专业查询网站。

（2）准备社会实践证明

为保证调查的可靠性，招聘单位一般会通过应聘者参与实践或供职过的单位的负责人来了解应聘者的社会实践及工作情况。应聘者最好提前与实习单位的负责人做好沟通，请相关负责人在接到查询要求时，如实说明相关情况，如任职时间、任职岗位、离职原因、品行评定及奖惩状况等。

5.考察考核的应对策略

考察考核有两种方式，应聘者参与的主要是情境考察考核。这里着重介绍情境考察考核的一般流程。在情境考察考核中，招聘单位将应聘者分成若干个小组，通过小组讨论或者完成某一特定任务对应聘者进行考察考核。地点一般为能够容纳多人的会议室。在考察考核开始前，主持人会向应聘者宣读将要讨论的题目，并说明发言规则，同时回答应聘者的提问。所有事项交代清楚之后，应聘者开始自由讨论。讨论结束之后，按照预定的发言规则进行发言。主考者在全过程中既可以旁观应聘者的表现，也可以直接切入应聘者的发言，与其互动沟通。在情境考察考核中，招聘单位通过自由讨论环节考察应聘者的团队合作能力、领导协调能力及语言表达能力等。

考察考核的应对技巧如下。

（1）发言积极主动

在考察考核过程中，应聘者的发言内容、发言时机、应对辩驳时的反应能力及倾听别人观点时的态度等都能表现出其性格和教养，所以在考察考核过程中应注意涵养，发表观点时应该目光专注，避免下意识的小动作，避免因对对方观点不认同而不屑一顾。在互动讨论中应沉着应对，言辞恰当，既要以理服人，又要充分客观地与其他应聘者交换意见，避免表现出自命清高、装腔作势。

（2）抓住重点、言简意赅

针对讨论题目，要深入思考，全面分析，提炼出发言的主要内容，并条理清晰地从多方面分析问题，论证观点。发言态度要诚恳，对于其他应聘者提出的反对意见，可以深入交换意见，分享彼此的观点。

（3）注意发言技巧

在考察考核过程中，当遇到其他应聘者提出不同观点时，要注意发言技巧，巧妙地提出不同意见。可以先肯定对方的说法，再做转折，而后予以否定。切记不要在对方情绪激动的时候力图使他改变观点，因为在情绪激动时，情感多于理智，过于逼迫反而使其更加坚持原有观点。

第三节　大学生的就业路径探索

一、优化高校大学生就业服务体系

（一）健全“以人为本”的就业服务管理机制

高校应该把“学生满意”作为衡量高校就业服务管理有效的标准。在基础标准建立以后，围绕这一要求，在大学生工作上，高校应引导各层级学工力量构建起精细化服务促进就业的大局。尤其可以敦促各二级学院建立起毕业生毕业去向台账，以及就业困难毕业生群体帮扶工作台账，按照“一人一档一策一导师”的原则开展一对一的重点帮扶。同时，学校就业微信服务后台和微信服务平台，也可以为大学生提供“一对一”个性化的就业指导服务，以提升指导和服务的实效。

（二）创新就业服务管理平台

很多高校都在着力开展微信、微博等创新就业服务管理平台的完善与建设，改版后的就业服务平台优化规范用人单位注册、招聘信息发布以及校园宣讲会、招聘会申请等校招活动流程，用人单位一步注册、学校两步审核即可完成校招线上办理流程。用人单位在服务平台发布的招聘信息、申请宣讲会、招聘会汇集的企业岗位需求信息，通过就业服务系统人岗匹配、专业特长匹配，同步到学生微信端，以实现毕业生精准获取实时推送的就业岗位信息。

就业微信服务以平台的建立，加强和拓宽了毕业生就业政策和就业信息宣传渠道，毕业生在微信端可自行搜索意向岗位或一键投递简历，报名参加校园宣讲会、招聘会，实现指尖上的求职，求职流程更加人性化、便利化。在此基础上，高校还应继续完善并构建起“就业信息网”“就业学习平台”“就业微信平台”等一体化智慧化就业平台，同时加强就业服务平台的视频见面功能，使大学生能够实现在学校提供的最优质的就业信息中物色岗位，在最便捷的就业平台上完成从简历到面试的求职全程。依托高校流程优化后的就业服务平台，大学生、用人单位均可获得规范和高效的信息化流程服务，让求职应聘更便利、更精准。

（三）创新就业信息宣传方式

信息宣传是高校就业服务管理的重要方面，是建立精准就业服务与管理机制的有效途径。为做好新发展方向的就业服务，高校在宣传上的功夫必须在原有基础上对方式方法有所创新，除每年编印《应届毕业生资源信息》《应届毕业生就业指引》等常规宣传材料外，还应加强就业信息网、微信公众号的建设，充分利用毕业生线上社交群组，加强与各二级学院就业工作人员、毕业生之间的互动，利用信息化平台进行就业政策及招聘信息的宣传。

此外，高校应密切关注少数就业群体的特殊需求，有针对性地发布毕业生就业意向调研，及时了解这一部分毕业生的就业状况和思想动态，尤其了解他们在就业上的困境和难点，重点指导和推荐工作。高校可以建立起特殊就业群体帮扶机制，联合各二级学院摸底了解困难毕业生的情况，帮助毕业生解决求职过程中的实际问题和毕业季的心理上的困扰问题。也可将特殊就业群体再进一步细分，如“就业困难毕业生”“有就业意愿但尚未就业毕业生”“暂不就业毕业生”“无就业意愿毕业生”等类别，做好分类指导、专门咨询，组织开展针对性的求职指导、心理辅导、就业推荐等服务，帮助特殊就业群体毕业生尽快找到方向，从而回归到促进适龄毕业生求职就业的正轨。

二、指导大学生树立正确职业生涯观念

（一）认清自己，自我分析

在设立职业生涯目标之前，首先要认清自己，进行自我分析。俗话说，知己知彼，百战不殆。可见，知己是首要。所谓自我分析，是指对自我理性、深刻、全面的分析，它比自我介绍更深刻，同时又包含自我评价的内容。步入了高校的大门，自主选择了专业，也就确定了今后择业的大方向。随着知识的积累、视野的开阔、阅历的增加，每个人都在不断地变化、进步，自我分析也应该不断地更新。通过分析自己的性格、兴趣爱好、专业技术等方面的优缺点，衡量出自己想干什么、能干什么、准备了什么等，明确哪些工作能够规避自己的短处而发扬自己的长处，进而为职业生涯目标的确定打下一个良好的基础。

（二）目标设立合情合理，符合实际

设立职业生涯目标不是一蹴而就的事，它需要沉下心来长时间仔细思考。我们常常会误认为目标定得越高越好，觉得目标定高了，哪怕完成80%，也算成功。事实上，好高骛远的目标只会让人迷失方向，信心锐减，意志消沉。相反，倘若目标设定量体裁衣，并将长期目标设定成一个个中期

目标，将中期目标设定成一个个短期目标，把这些一个个量化的具体目标当作人生旅途上的里程碑，把行动与目标不断地加以对照，清楚自己与目标的差距，就会将目标化成拼搏的动力，激发出自身潜在的机能，在奋进中更加自信、积极、乐观、从容，从而克服一切困难，顺利抵达理想的境地。①

任何事物的发生和发展过程都不是一成不变的，职业生涯目标的设立亦是如此。职业生涯规划是长期持续的过程，随着环境和自身的变化，需要不断地进行评估与修改。这不仅是对自己不断认知的过程，也是对社会不断认知的过程，更是职业生涯规划的有效手段。

① 茹秋平.我国大学生创新创业政策研究[D].广州：华南理工大学，2019.

第六章　大学生创新创业能力与提升

大学生应提升自身的创新创业能力，以充分把握未来走入社会以后的发展方向。本章重点分析大学生创新创业能力与提升的路径，包括大学生创新创业基本概念分析、大学生创新创业能力提升的内容与路径。

第一节　大学生创新创业基本概念分析

由于创新创业思维能力上的差异，工作会出现不同的结果，作为员工首先要踏实肯干，但是有无创新思维意识和能力、应变思维的能力好坏、超前思维的能力强弱、联想思维的能力活跃度等影响更大。创新能力的高与低，将决定一个人的职业发展空间大小。

一、创新创业

（一）创新

1.创新的含义

创新是以新思维、新发明和新描述为特征的概念化过程，包含更新、改变、造新三个层面的含义。创新是指以新的思维模式为基础，提出有别于一般的、现有的见解为导向，利用现有资源，借助先进的知识和技术，改进现有事物或创造新事物、新方法，探索新路径、新环境，并能获得一定经济价值或社会价值的行为。从经济社会领域分析，创新是指生产或开发一种新产品或新服务，更新扩大产品或服务的品类、市场，改进研发新的生产技术，发展新的生产方法，规范、建立、实施新的管理制度。

创新是人类活动特有的认识能力和实践能力，是人积极主动认识世界、改造世界的主要能力表现，一个民族的进步、一个社会的发展、一个国家综合国力的提升都离不开创新。作为大学生，要想成为合格的时代青年，要想走在时代前列，就必须有创新思维，不断尝试创新培养创业技能。创新研究一般区分技术创新和社会创新。技术创新往往是刻意创造或发明的结果，而社会创新往往是因为成员间持续互动的结果，技术创新影响力随着时间的推移而积累，往往会变得不可逆转，而社会创新则是持续不断进步的源泉。

2.创新认识的发展

美国经济学家华尔特·罗斯托提出了“起飞”六阶段理论，把“创新”概念定义为“技术创新”，认为“技术创新”处于“创新”的主导地位，是创新最关键的内容。伊诺思（J. L. Enos）认为“技术创新是几种行为综合的结果，这些行为包括发明的选择、资本投入保证、组织建立、制定计划、招用工人和开拓市场等”。林恩（G. Lynn）认为“技术创新是始于对技术的商业潜力的认识而终于将其完全转化为商业化产品的整个行为过程”。

迈尔斯（S. Myers）和马奎斯（D. G. Marquis）认为“创新是技术变革的

集合，技术创新是一个复杂的活动过程，从新思想、新概念提出开始，需要通过解决各种问题，最终形成一个有经济价值和社会价值的新项目，得到实际的成功应用”。“技术创新是将新的或改进的产品、过程或服务引入市场”，同时模仿和不需要引入新技术的也可以是广义范围内的一种创新活动，只要是整个环节中的某一要素发生了向好的改变即认为创新产生。弗里曼（C. Freeman）把创新限定为规范化的重要创新，从经济学角度分析创新包括新产品开发、新系统建立和新设备运用等形式在内的由技术变革向商业化实现的过程。“技术创新是指技术的、工艺的和商业化的全过程，其导致新产品的市场实现和新技术工艺与装备的商业化应用”。

国内学者也对创新进行了深入研究，傅家骥认为“创新是企业家抓住市场的潜在盈利机会，以获取商业利益为目标，重新组织生产条件和要素，建立起效能更强、效率更高和费用更低的生产经营方法，从而推出新的产品、新的生产（工艺）方法、开辟新的市场，获得新的原材料或半成品供给来源或建立企业新的组织，它包括科技、组织、商业和金融等一系列活动的综合过程”。彭玉冰、白国红从企业角度定义创新：“企业技术创新是企业家对生产要素、生产条件、生产组织进行重新组合，以建立效能更好、效率更高的新生产体系，获得更大利润的过程。”

本书认为，创新是指创业者或企业把新的生产要素、生产条件或二者同时引入生产体系，可以是开发设计新产品，引入改进新生产工艺方法，发掘开辟新顾客或新市场，对产业链进行上下游的延伸，改进或创建新的组织形式；创新可以是组织行为，也可以是个人行为，涉及技术性及非技术性两类创新，并最终通过产品或服务体现一定的经济价值或社会价值。

随着信息技术、互联网技术的快速发展和普及运用，知识社会逐步形成，这在很大程度上影响人们对于创新的认识和定位。当今时代技术创新是科技与经济一体化过程，是技术进步与应用创新共同作用的产物，在知识社会条件下创新是以需求为导向，坚持以人为本的创新思维。创新过程中体现用户创新、大众创新、开放创新、共同创新的特点，要求活动利益方全部参与创新过程，实现创新民主化和全民化。

（二）创业

1.创业的含义

创业是创业者对自己实际拥有的资源或通过努力能够拥有的资源进行优化整合，从而创造出更大经济价值或社会价值的全过程。创业活动是需要创业者组织经营管理、运用技术物品、提供产品服务的判断、思考、管理和执行的行为。杰夫里·提蒙斯（JeffryA.Timmons）认为“创业是一种思考、品行素质，杰出才干的行为方式，需要在方法上全盘考虑并拥有和谐的领导能力”。创业是一种人类的创造性行为，也即从无到有地创造出有价值的东西，同时也是对机会和某个愿景的追求，并愿意承担适当的风险。

创业的本质也是在面对资源不足的情况下，有效把握需求机会的过程。创业关注经济价值或社会价值的创造与实现，而不仅指新创企业，创业既可以是精神层面的行为，即以创新为基础的思考和行为方式；也可以是实质层面的行为，就是一般认为的发掘市场机会，组织现有资源建立和创办新公司，生产新产品或从事新服务，通过市场交换实现价值的过程。

2.创业活动的本质

（1）机会导向

“穿衣吃饭看家当”。一般性的生产经营活动往往对资源考虑较多，主要考虑在现有条件下自己能做什么。创业活动最大的不同是机会导向，主要考虑自己可以做什么。机会是指没有被精确定义的市场需求，甚至是尚未出现的潜在需求，也可以是没有得到利用或没有充分利用的资源和能力，机会蕴含着生存和发展的可能性，意味着潜在的收益回报。

创业者不可能完全具备创业所需的所有资源，甚至初始条件并不理想，缺乏资金资源、人力资源等限制和制约，创业者需要思考在现有有限资源条件下创业活动生存和持续发展的可能性。在市场经济环境中，任何企业的发展都依赖于市场需求的旺盛程度，所以创业者必须善于挖掘市场机会，发现市场需求及变化，从中发现创业活动生存和发展的空间。

大学生创业者的创业活动由于资源条件不理想，更需要准确把握机会，坚持顾客导向，深入了解顾客需求，对顾客的需求做详细的研究分析。很多成功的大学生创业项目服务对象就是学生群体，这是因为创业者对于这部分顾客有深刻的了解和分析，对顾客需求有长期的感知和思考，提供的产品和服务能够很好地解决痛点，被市场接受认可。而绝大多数大学生创业失败的项目，就是因为对需求感知不准确，没有找到真正的市场机会而导致失败。

（2）创造性地整合资源

资源整合也是创新，创业的本质是资源整合，熊彼特认为“新的组合”本质上也是资源整合。创业者不可能准备好所有资源后才开始创业活动，往往要在资源不足的情况下尽快把握市场机会，这时创业者必须充分利用现有资源，创造性地整合资源，弥补存在的资源空缺。

创业资源种类很多，包括资金资源、人力资源和物质资源，有形资源和无形资源，可变资源和不可变资源等。创业者需要具备的知识技能、社会关系网络、组织管理能力、市场洞察和把握能力等资源。这些创业资源具有无形性、不可具体衡量性，但却是创业成功必需的创业者资源，在合理地运用这些资源的基础上，成功整合到资金资源、人力资源和物力资源，这样才能为创业活动奠定成功的基础。

资源本身具有流动性和逐利性，当今时代资源流动范围跨越了国界，突破空间、组织和制度等方面的限制。虽然加剧了竞争的积累程度，但创业者也可以在更加广阔的范围内开展资源整合，用有创造性的创新思维看待资源禀赋，并兼顾资源及各个利益相关者的利益诉求，有效地引导资源流动与整合。

（3）价值创造

把握住创业活动的机会，满足顾客需求，实现价值创造，向顾客提供有价值的产品和服务，通过产品和服务使消费者的需求得到实质性的满足，最终促使价值交换关系的产生。创业活动的价值创造强调对社会和经济发展的贡献，强调对人们物质生活和精神需求的满足。创业者的创新活动只有突出价值创造才有意义，才具备生存和发展的可能性。

（4）超前行动

创业活动强调机会导向，这就决定了创业活动时效性很强，创业机会可能转瞬即逝，必须突出速度，做到超前行动。创业机会不会持续存在，也无法在短时间内有效把握并做出应对，需要创业者提前做好准备工作。

综上所述，创业就是创造和整合某些资源，然后将这些资源持续变现并创造价值持续发展的活动，同时，进入一个新行业还需要塑造整合新资源，以保证有足够的竞争优势和一定的市场份额。

（三）创新创业

1.创新创业的含义

创新创业是指在技术创新、产品创新、品牌创新、服务创新、商业模式创新、管理创新、组织创新、市场创新、渠道创新等方面中的一点或几点进行创新而开展的具体活动。

创新是创新创业的特质，创业是创新创业的目标。创新创业是基于创新基础上的创业活动，创新强调开拓性与原创性，创业强调通过实际行动获取利益，创新是创业的基础和前提，创业是创新的体现和延伸，二者只有效结合才能成为创新创业活动，可见创新创业活动是通过具有开创性的活动，实现价值体现或利益回报的过程。

2.影响创新创业活动的因素

（1）必要的创业资源保障

要想把握创业机会就需要及时尽快地开展创业活动，这时创业者只需要判断是否具有两种基本资源即可：一是行业进入的基本资源，二是竞争所需的差异性资源。

创业资源包括业务资源、客户资源、技术资源、管理资源、财务资源、行业经验资源、行业准入条件、人力资源条件。业务资源是新创企业赚钱的模式；客户资源是产品和服务的消费群体；技术资源是赢取客户的信赖依据；管理资源是指创业者的经营管理能力水平；财务资源主要指创业者所需的启动及运营资金，包括新创企业的营收水平；行业经验资源是创业者对该行业的知识积累与经验积累；行业准入条件是企业或项目不受政策制度限制和约束，没有进入壁垒；人力资源条件，指新创企业是否有合适的专业人才和创业团队。创业者开始创业活动时不需要100%的具备所有创业资源，但需要具备一些关键资源，并可以通过市场化方式来获取其他资源。

（2）深思熟虑考虑创业活动

创业者在开始创业活动之前要认真思考从事创业活动的目的和意义、评估开展创业活动的条件。

第一，创业目的是什么？创业者创业决心和风险承受能力如何？对于利益取舍是否有准确评价？

第二，创业者素质能力评价，专业技术、能力特长、知识储备、经验积累、抗压能力、身体素质等能否应对创业活动的较高要求？

第三，创业者掌握的核心资源是什么，是否具备市场竞争力和实现商业化的价值，创业资本、运营资金、客户资源、商业管理能力、行业竞争力是否具有优势。

第四，创业者可承受损失有多少，是否准备好相应的物质、精神储备以应对创业初期的压力。

第五，创业最大的风险是什么，最坏的结果是什么，能否承受，面对风险一定要有充分的心理准备，避免造成信心动摇。

失败的大学生创业者，都是因为创业前准备不够，分析情况过于乐观，准备条件不充分，只设想创业成功，对于创业风险预估不足。作为大学生创业者除非市场机会非常明显，储备资源满足基本需求，一般可以适当等待资源的积累，帮助初创者真正了解创业活动。

（3）先有业务，再创业

创业是目标导向型活动，与创新有所区别。创业者在创业之前，一定要有明确的创业方向，再开始具体活动。创业者进入行业后，要先收集信息、积累经验，作为大学生可以先入行业企业工作，以积累经验与相应资源。待行业知识、实践经验、客户资源、盈利模式基本具备成熟后再创业，成功的概率就会提高。

（4）经营能力最重要

创业最重要的是创业者个人的经营能力，特别是业务能力。对于创业者而言，不断打造自己的经营能力至关重要，学做业务是经营能力重中之重，是开始创业的第一步。

（5）内部创业更容易

企业不断发展需要新项目更新作为依托，企业会选择忠诚度较高的人负责企业的创新创业项目。许多创业者在进入企业后，通过一段时间的工作会积累丰富的经验，也会发现一些创业机会，这时他们可以建议老板从公司发展角度投资新项目，自己成为新项目的负责人或合伙人，这种模式就是内部创业。内部创业有很多有利条件，如能够获得原单位资金支持、相对成熟的管理指导、优质资源的共享等，创业项目就更容易成功。

二、创新创业的意义

（一）缓解严峻的就业压力

全国高校毕业生中未实现有效就业的人数众多，有必要开展持续创业教育，树立正确职业理想、就业择业观念，帮助年轻人用创造性思维应对社会竞争，主动寻找和拓宽就业渠道。

（二）适应市场经济发展

城乡产业结构不断变化调整，劳动力的转移和职业岗位的转换，对于从业者的要求已经从具备基本的职业从业技能向同时具备新技术、新工艺的实施以及新产品的开发和创造能力转变，创新创业能力已成为从业者的基本要求之一。

（三）推动创新型国家建设

创新是民族进步的灵魂，是国家兴旺发达的动力，创新创造能力是一个国家综合国力体现的重要标志。拥有创新能力和高素质人才的国家将具备巨大的发展潜力，成为国际舞台上有力的参与者，近年来国家间的矛盾与冲突，都反映出创新人才培养、科技创新的重要战略价值，是综合国力提升、社会发展的重要推动力。

三、创新创业的价值

（一）创新思维与意识的价值

1.创新思维价值

创新思维能决定如何最有效地利用有限的资源出色实现目标，这些资源是为了实施战略所需要的人力、物力和财力资源。创新思维将指导整合有限的人力资源和减少预算，以获得最好的效果。在竞争环境中创造性地思考也是理解并保持竞争优势的驱动因素，更是赋予对抗竞争的力量，以及评估竞争对手后采取战略行动的能力。

2.创新意识价值

社会需要充满生机和活力的人、有开拓精神的人、有新思想道德素质和现代科学文化素质的人，创新意识能促成人才素质结构的变化，提升人的本质力量。

创新意识是人类意识活动中的一种积极的、具有价值的、富有成果性的表现形式，是人们进行创新创造活动的出发点和内在动力，是创造性思维和创造力的前提。代表着一定社会主体奋斗的明确目标和价值指向性，成为一定主体产生稳定、持久创新需要、价值追求和思维定式以及理性自觉的推动力量，成为唤醒、激励和发挥人所蕴含的潜在本质力量的重要精神力量。创新意识进一步推动人的思想解放，有利于人们形成开拓意识、领先意识等先进观念。

同时，创新能力也是国家、民族发展能力的代名词，更是一个国家和民族解决自身生存、发展问题能力大小的最客观和最重要的标志。

（二）创新创业活动伦理价值

1.个人价值

（1）激发大学生、社会进步青年、科技人员、科研团体和中小微企业的创新创业热情。

（2）改变生活水平和生活质量，拥有更多可以自己支配的财富，更好地完成想完成的事业。

（3）以对创造的社会价值而有存在感、自豪感，实现人生的价值意义。

（4）提高自主创新能力，抓住新的商业机会，创新性整合各类资源。

（5）培养大学生综合素质具有重要作用。

2.社会价值

（1）创造物质财富与精神财富

企业存在的前提，就是要为顾客创造价值，获取合理的利润，并为社会不断创造物质财富与精神财富。关于物质财富，可以从企业所提供的产品与服务、所贡献的税收等角度来理解；关于精神财富则可以从企业所形成的企业文化、企业家精神、创新精神等角度来理解。例如“中华老字号”企业，不仅为社会创造了大量的物质财富，还为社会贡献了传承中华传统文化的精神财富。

（2）提供就业岗位，促进劳动就业

每一位成功的创业者可以解决5个人的就业问题，以创业带动就业具有明显的就业倍增效应。作为一个人口大国，我国长期以来一直面临沉重的就业压力，而通过创业可以扩大就业、缓解就业压力、促进劳动力转移。目前我国有很大比例的就业，是通过各种政策鼓励自主创业和自谋职业实现的。

（3）是“新常态”下经济增长方式转变的新引擎

经济结构不合理，重要根源就是资源配置不均衡。创新创业本身就是一个将不同的资源组合起来，以利用和开发机会并创造新价值的过程。大量创新创业企业的创立、更新、发展、消亡，盘活了丰富的社会资源，开辟了更多的新市场，产生了更高价值的产品与服务，从而自动调节了市场供求之间的平衡关系，并促进社会资源配置的优化，进而优化产业结构、促进经济增长方式转变。这种具有极强自主创新能力的创业型经济，自然会加速知识更新与科技创新成果向实际生产力提高的转化，减少社会经济发展对物质生产要素的过度依赖，从而推动经济发展模式由粗放低效高耗能型向集约高效绿色型经济转变。

3.国家价值

（1）新创企业是国家或者地区经济发展中至关重要的部分，其创业活动直接反映出这个国家或者地区的经济活跃程度。美国管理学者杰弗里·蒂蒙斯（Jeffry A. Timmons）曾经指出美国经济的强劲增长和创新活力，关键在于其整个社会旺盛不衰的创业精神和新创企业生生不息的创业活动。这种由众多新创企业参与、建立在创新经营与新创事业基础上的经济形态，我们称之为“创业型经济”。其主要特点是以创业精神和创业活动作为经济增长的关键驱动因素，具体表现为高水平的创业活动多、创新发明与专利多、为顾客乃至整个社会带来的创造性价值多，创造的就业机会多，成长型中小企业多。

创业型经济具备增强自主创新能力、转变经济增长方式和扩大社会就业的显著作用，已成为一个国家或地区经济发展的基础。在美国就业机会几乎都是由创业型和创新型企业创造的。

（2）大众创业、万众创新。创业是发展的动力之源，也是富民之道、公平之计、强国之策，对于推动经济结构调整、打造发展新引擎、增强发展新动力、走创新驱动发展道路具有重要意义，是稳增长、扩就业、激发亿万群众智慧和创造力，促进社会纵向流动、公平正义的重大举措。

创新是企业家对生产要素的重新组合，创新是赋予资源以新的创造财富能力的行为，创新主要有两种：技术创新和社会创新。著名经济学家诺思认为，世界经济的发展是一个制度创新与技术创新不断互相促进的过程。相对于创新理论，创业研究起步较晚，目前尚未形成统一的分析框架，一般认为创业是指一个人发现和捕捉机会并由此提供出新产品或服务的过程，主要标志和特征是创建新企业或新的组织。创业不仅仅局限于创办新企业的活动，在现有企业中也存在创业行为。

四、创业活动伦理与原则

（一）创业活动伦理

创业是创新的目标和实现。创新创业与传统创业根本区别在于创业活动中是否有创新因素，这里的创新不单是技术方面的创新，还包含产品创新、服务创新、商业模式创新、管理手段创新、组织架构创新、市场营销创新等方面的创新。概括地说，只要能够给资源带来新价值的活动就是创新。在某一方面或者某几个方面进行创新并进行创业活动，能够产生社会价值或经济价值就是创新创业。创新创业具有以下特点。

一是高风险性。创新创业是建立在创新基础上的创业，但是创新受到现有知识结构、认知能力水平、行为方式习惯等方面的影响，存在许多不确定性，使得创新创业会面临比传统创业更高的风险。彼得·德鲁克说过，真正重大的创新，每成功一个，就有99个失败，有99个闻所未闻。

二是高回报性。创新创业是通过对已有技术、产品和服务的重新调整优化组合，对现有资源的优化配置组合。给客户带来更多的产品与服务，更多地让渡价值，开创新领域“创业蓝海”，获取更多的竞争优势，最终取得更多的价值回报。

创新创业是在创新基础上的创业活动，创新是创业的基础和前提，创业是创新的目标和实现，并在创业活动过程中，不断进行优化资源配置、产品服务更新，使价值创造不断提升。创新带动创业，创业促进创新，二者相互影响，共同成长。

（二）创业活动原则

正确选择合适的创业项目是创业成功的基础，创业者必须秉持严谨的态度，结合自身的优势和资金实力对行业进行细致分析。

1.因势而动，选择具有前景的行业

创业者必须先知道国家目前正在扶持、鼓励哪些行业发展，哪些行业允许进入有利于创业，哪些行业限制较多不利于创业。创业者选择国家政策扶持、鼓励的行业，对日后企业的发展将起到不可估量的作用。对于地方政府出台的各种政策也需要核查清楚，以确保能够享受政策红利。

正确选择创业项目要善于分析把握宏观环境和微观环境的变化，随时关注市场行情的变化。首先关注现实市场，看当前的市场需求、产品供给和主要竞争对手。创业者选择畅销产品项目创业时，要全面分析项目实施的可能性，并对产品本身、未来市场发展等做出判断。其次关注潜在市场，看行业未来发展趋势，是否符合国家经济发展走向和产业政策，是否准确把握消费者消费需求的变化发展。

2.以市场为导向，了解市场需求

创新创业要树立“企业是为解决客户需求而存在的”观点，只有这样才能确保企业长盛不衰。创业项目的选择是以市场为导向的，必须从社会需求出发。要想知道社会需求，就必须做市场调查，特别是第一次创业的创业者，必须对市场进行详细的调研。

（1）了解消费者对产品（服务）的需求程度。根据消费者性别、年龄、文化层次、收入水平、消费习惯等因素的差异，可以对他们进行不同类型的划分，归为不同的消费群体，每一个消费群体就是一个细分市场，也是创业者应该集中精力服务的对象。创业者掌握的创业资源有限，受创业时机和个人精力的制约，创业者选项目时一定要知道自己服务的对象是哪些人，细分市场对产品（服务）需求的具体诉求和强烈程度，诉求越多需求越强的项目越容易做；诉求越少需求越弱的项目越难做。

（2）创业者要善于发现竞争对手，包括直接竞争对手和间接竞争对手；准确把握竞争的程度，分析是恶性竞争还是良性竞争。一旦面对恶性竞争，分析创业项目的产品服务有无新特色来应对这种竞争，或者考虑寻找没有恶性竞争的新项目。从竞争的角度来看，创业者不应该把眼光始终盯在竞争十分激烈的项目上，应该去寻找有特色、有价值、更易获利的新产品来做，或者寻找竞争规范、不太激烈的新项目来做。在选择创业项目时需要特别注意，既要考虑项目的特色，更需要考虑市场的接受程度、市场的实际需求水平和购买能力，选择有特色、有市场、能被快速接受的项目，这样就能提高创业成功率。

3.因人而异，利用自身优势与长处

创业者应尽量选择与自己的专业、经验、兴趣、特长相匹配的项目。兴趣是创业的基础，项目能让创业者兴奋是创业成功的必要条件。日本的著名创客“米饭爷爷”，几十年专注煮饭，正是因为兴趣让他沉浸其中，乐此不疲。很多创客、极客在切入项目和发展企业时都选择自己兴趣所在的领域，他们在工作时往往就是享受且不知疲倦的，因兴趣而萌生的创业往往会走得更远并且更容易取得成就。

兴趣爱好决定了价值观，在遇到困难、挫折时，选择坚持还是放弃取决于个人对这件事的重要性、价值及其意义的认识，这就是价值观。创业者在选择创业项目时要问自己：我的兴趣爱好是什么；我认为哪些事是有价值的；创业活动、创业项目是不是内在心理需求反映，与个人价值观匹配程度如何。市场好比汪洋大海，创业者犹如沧海一粟。但是每个人都有自己的长处和优势，当你充分了解了某一行业、某一领域，同时又在技术上有专长时，就形成了自己在行业里的长处。创业者选择一个能充分发挥自己的长处和优势，自己有兴趣且熟悉的行业，那么创业就成功了一半。再好的项目，如果不适合自己，也有可能失败。

4.量力而行

创新创业是一种风险投资，每位创业者都必须遵从量力而行的原则，应该尽量规避风险较大的创业项目，把为数不多的资金投资到风险较少、规模较小的创业项目当中，积少成多，滚动发展。

创业者在选择创业项目时要考虑产品或服务成本是多少，售价是多少，毛利是多少，毛利率是多少等众多涉及财务的问题。创业者对毛利率低于20%的项目要慎重考虑，这类型项目有别于公益类项目，盈利能力较弱，不适合创业新兵对于追求经济回报的诉求。有时候仅毛利率一个因素就可以否定一个创业项目，因为大部分创业项目的重要目标就是获得经济收益。

资源条件也是影响创业项目选择的重要因素。创业者在选择项目时还要充分考虑自身的资源禀赋，分析掌控的资源条件能否满足项目发展的需求，避免在资源供给不足的情况下盲目开展创业项目。例如，作为新创企业，需备6个月左右的现金储备，为企业持续运行和下一轮融资留有余地，否则很可能因为现金流问题导致创业失败。

5.把握好创业时机

事物处在发展初期，竞争较弱，此时进场较容易成功，百度、阿里巴巴、淘宝、腾讯、京东、小米等企业的发展壮大说明把握先机或大趋势的重要性。市场进入到发展成熟期或衰退期，意味着创业先机已经失去，市场被竞争对手占据，进入成本和竞争成本较大。当行业处于衰退期，进场为时已晚，市场需求稳定且逐步转换和减弱，项目获利能力减弱。进场时机的把控成为创业项目能否成功的关键因素，创业者选择创业项目时可考虑新兴产业，如当下创新创业最火爆的行业就是人工智能产业。

五、大学生创业的主要形式

当前大学生受创业资源和创业经验的限制，一般采取的创业形式应符合“低成本试错”的原则，可以采取开店、连锁加盟、高科技领域或智力服务领域四种主要方式。

（一）开店

开店是大学生利用对同龄人消费习惯的了解，所从事的创业活动。这种方式是比较简单、容易实现的创业模式。其营销方式也比较简单，通过校园海报张贴或利用朋友间关系营销宣传即可取得很好的效果。

（二）连锁加盟

连锁加盟的成功率相对较高，大学生创业者创业资源不足，特别是创业经验欠缺，甚至缺乏最基本经营管理知识。通过连锁加盟可以获得加盟品牌相对成熟的技术设备、相对低成本的人员培训和经过一定市场检验的经营管理模式，规避创业过程中的部分问题和阻碍，减少创业者的风险。但连锁加盟缺乏后续持续发展扩张的空间，模式单一僵化，不利于自有品牌建立和产品服务的持续更新开发。

（三）高科技领域

大学生创业者专业科学知识储备厚实，易于在专业领域发现并获得创业的机会。作为大学生最新信息、最前沿科技，具备在高科技领域创业的明显优势，而且在校期间通过大学生创业大赛等的活动积累了一定的实践经验，形成了创业团队，这都对于创业成功有促进作用。

（四）智力服务领域

大学生创业者可以利用个人技能通过智力服务进行创业活动，这类型创业最大的特点是创业成本低，主要消耗的是创业者的知识储备和经验，可以帮助大学生创业者积累创业经验，为持续的创业活动积累资金资源。

六、大学生创新创业的资源

（一）创新资源

创新资源是指企业创新需要的各种投入，包括人力资源、物力资源、财力资源等各方面的投入。各种技术创新资源都是有限的，社会对创新的需要与创新的资源之间永远处于一种矛盾和对立状态。正确的创新战略规划，有助于利用有限的创新资源，获取更多的创新成果。

创新创业资源有三个评判标准：一是有价值，即占有和使用有价值的资源，能够带来潜在的竞争优势；二是稀缺性，只要拥有稀缺的资源就能带来真正的竞争优势；三是核心资源，能够为创新创业带来竞争优势的核心资源有很多种，以核心技术为主体或基础的“知识资产”就是最重要的核心资源。

（二）创业资源

创业资源是指新创企业创办和价值创造过程中需要的特定的资源资产，包括有形资产和无形资产，它是新创企业创立和运营的必要条件，主要表现形式为创业人才、创业资本、创业机会、创业技术和创业管理等。

创业者获取创业资源的最终目的是组织这些资源追逐并实现创业机会，提高创业绩效和获得创业的成功。无论是要素资源还是环境资源，无论是否直接参与企业的创办与生产，它们都会对创业绩效产生积极的影响。要素资源直接参与新企业创办，能够促进新创企业的成长；环境资源则可以影响要素资源，并间接促进新创企业的成长。

（三）创新创业资源的分类

创新创业活动具有风险性、不确定性、持续性和复杂性，需要具备和整合大量创新创业需要的资源。本书把创新创业资源分为有形创新创业资源和无形创新创业资源。

1.有形创新创业资源

有形创新创业资源一般指财务资源和实物资源的综合。

财务资源指创业者或新创企业所拥有的资本，以及创业者或新创企业在筹集和使用资本过程中形成的具有独有且不易被模仿的财务性资产，包括财务管理体制、财务管理制度、财务分析决策工具、财务关系网络和财务管理人员等。

实物资源指体现在其地理位置、基础设施、厂房、车间、机器设备等方面。例如，中国移动的基站设施与网络覆盖，保证了其信号的质量和接通率。企业对原材料的拥有与获取也是企业实物资源的一个重要组成部分。例如，茅台酒厂因为地理位置独特而必须对酿酒的优质水源进行控制。

2.无形创新创业资源

无形创新创业资源一般指时间与空间资源、信息资源、技术资源、品牌资源、文化资源和管理资源等。

时间与空间资源指企业在市场上可以利用的，作为公共资源的经济时间和经济空间。时间资源（经济时间）是指人类劳动直接或间接开发和利用的自然时间或日历时间；空间资源是指人类劳动直接改造和利用的、承接现实经济要素运行的自然空间。“时间就是金钱”说明了实践资源的价值，“天时不如地利”说明了空间资源的重要性。

信息资源是指人类社会活动中积累起来的以信息为核心的各类活动要素

的集合，包括信息技术资源、信息设施设备资源、信息生产者资源等。

技术资源指创新创业过程中解决问题的手段和方法，包括解决实际问题所需的软件方面的知识及经验；解决问题借助使用的设备、工具等硬件方面的知识。

品牌资源指所有可以用来建立巩固品牌权益与品牌形象的方法。涉及品牌与消费者的接触及消费者的品牌体验，可以影响与改变消费者的品牌认知与品牌态度。

文化资源指对人们能够产生直接和间接经济利益的精神文化内容，文化资源具有不确定性、抽象性，但对于创业者和新创企业却是可以产生较大价值、所需其他资源投入较少的创业资源。

管理资源指把潜在生产力转化为现实生产力的无形资源。在企业生产活动中，存在物质、人力、财力和管理四种资源，管理资源是其中一种，具有无形和潜在的价值。

第二节　大学生创新创业能力提升的内容

一、创新意识

（一）创新意识的含义

创新是对已有的资源（包括人力、物力、财力等），在一定情境下，进行改进或重新创造新的事物（包括方法、元素、路径、环境等），并获得积极效果或影响的行为。创新的动机从人的角度看，分为有意识的主动创新和无意识的被动创新两大类，贯穿于人类社会全过程，是人类不断创造物质文明、精神文明等并持续淘汰落后思维意识，创造具有相对先进性、能产生一定社会价值或经济价值的人类活动过程。

创新意识是人的自觉行为，指根据社会发展趋势和人的需求状况，引起的改造现有的或创造新的事物或观念的动机，并在整个创造活动中（包括设想、实现、反思）表现出的意愿和设想。创新意识是人对创造新事物活动本身与新事物产生的价值性、重要性的一种认识水平、认识程度以及对新事物的判定标准，并以这种判定标准来规范和调整自己的行为活动。创新意识能够产生明确的创新目标、具体的创新价值指向、稳定的创新需要并自觉产生创新推动力量。创新意识是一种积极的、有价值的意识表现形式，是产生创造性思维和创造能力的前提，是创新创业活动的起点。

创新意识包括创新动机、创新兴趣、创新情怀和创新意志。创新动机是助推因素，能推动和激励人持续进行创造性活动。创新兴趣能促进成功，是人积极探求新奇事物的心理倾向，创新情怀是引起、推进乃至完成创造的心理因素，是从事风险较大的创新创业活动的重要心理因素。

创新意识与创造性思维不同，创新意识是引起创造性思维的前提和条件，创造性思维是创新意识的必然结果，创新意识是人才所必须具备的重要能力。

（二）创新本质

《周易·系辞下》说："天地之大德曰生。"而创新就是"生"，所谓"生"，是说"世界"并非本来如此，亦非一直如此，而是生生不息、日新而月异。所谓"创新"就是从被抛弃、被忽略、被认为是"不可能"的"空白处"生出"有"来，超越已有的成果，不为权威的结论所束缚，不为流行的观点所湮没，不因眼前的困难而退缩。创新就要淘汰旧观念、旧技术、旧体制，培育新观念、新技术、新体制。科学就是创新，有没有创新能力是当今世界范围内经济和科技竞争的决定性因素。创新的本质是进取，是推动人类文明进步的激情。

创新的本质是不做复制者，单纯地模仿不是创新，不断重复会造成原创力降低。从时代转变的角度看问题，创新的本质在于继往开来，要批判地对待新旧事物，把过去和未来熔铸在现实中。人类靠创新能力自立于天地之间，不断创新的人生最有意义。

（三）创新意识的影响因素

创新意识的产生受到诸多因素影响，如领军人物、创新团队、知识储备、科学仪器、科学技术、创新体制、创新文化、人才培养。

1.领军人物

创新想要成功，首先就是人才，没有领军型人物，创新不可能成功，所以说人才是第一要素，创新的关键在人才。

2.创新团队

创新需要团队，并要以领军人才为中心形成一个紧密合作型的攻关团队，通过互相交流、互相促进，以此取得创新成功。

3.知识储备

除了领军人物、创新团队，还需要知识储备。应该建立专业的知识库，把知识收集、整理、凝练、存储，以供相关者参考利用。

4.科学仪器

巧妇难为无米之炊，没有好的科学仪器设备，解决重大发现，实现创新是比较困难的。

5.科学技术

科学仪器不能简单靠引进利用，这个过程综合成本很高，如果我们能够自己生产，经济性就会很强。所以提升创新能力，需要扎实的科学技术基础。

6.创新体制

创新需要好的保护体制，这有助于创新取得成功，刺激创新创业活动和行为不断产生，必须重新审视创新体制的价值。

7.创新文化

创新需要崇尚创新的文化，创新文化环境对国家、企业、个人的创新活动影响巨大，创新文化的形成可以在全社会形成宽容的环境，包容创新创业失败；创新文化还能吸引更多人参与到创新创业活动，整合更多优质资源。

8.人才培养

创新成功人才是第一要素，是创新创业活动成功的关键。政府和企业必须关注人才培养，积极搭建创新创业实践平台，通过实践发现人才，选拔人才，培养人才，让人才在实践中成长。

二、创业精神

（一）创业精神

创业精神是指创业者具备的开创性思维意识、个性观念和意志品质等。创业精神是实现创业成功，刺激经济增长，创造就业机会的必要因素，培育创业精神是创造就业机会和促进经济增长的关键。

创业精神分为三个层次：哲学层次的创业思想和创业观念，是人们对于创业的理性认识；心理学层次的创业个性和创业意志，是人们创业的心理基础；行为学层次的创业作风和创业品质，是人们创业的行为模式。

（二）创新创业精神培养

1.构建创新创业愿景

愿景即前景，是一种可实现的设想。构建创新创业愿景就是建立创新创业活动目标，这是创业者对未来发展的一种期望。能够培养无限的创造力，激发强大的驱动力，创造更多未来的机会。

2.实现以目标为导向

设定创新创业目标、行为标准并且为达到标准而努力工作，为实现创新创业目标，投入大量的时间、精力、资金甚至改变原有的生活方式。

3.持续不懈努力工作

能够长久坚持不懈地工作，可以增加成功的可能性，是创业者自我成长，增加人生阅历、体现人生价值的重要手段。

4.建立自信，学会坚持

自信是对自身力量的一种确信，是对完成某项任务的肯定，能够实现所确立的目标。建立自信需要有丰富的实践，实践经验的充实有助于自信的建立，创业者自身自信的建立，可以对创业活动的其他参与者产生积极的影响。

5.能够积极应对失败

从容面对失败，从失败之中汲取经验与教训，并挖掘新的机会和发展，是创业者积极态度和应对能力的最好体现。创业者必将面对很多次失败，因此需要有面对失败的勇气和总结反思失败的能力。

6.积极主动承担后果

创新创业活动会有很大的可能出现波折和失败，创业者要主动地对成功或失败承担责任，不论成败，不能逃避。

7.学会倾听

倾听不是简单地用耳朵听，是以一种开放的心态放下自我，从客观角度看待事物。创业者自己在努力奋斗承担责任的同时，还要多倾听专家和先行者的建议和意见。

8.诚信为本

“诚”即真诚，“精诚所至，金石为开”。亚伯拉罕·林肯曾说：“如果想取得成功，首先让人感觉到你的真诚。”社会活动中要想赢得对方的信任，让对方接受自己的思想和观点，真诚是最重要、最有效的手段。“信”即守信用，“言必行，行必果”。承诺别人的事，就要尽力办好，所以人说话办事要有分寸，不能信口开河，承诺能力范围之外的事情，以致失信于人。

9.勇于承担失败风险

风险就是不确定性，生活中处处有风险，创新创业活动失败风险更大。创业者面对风险就要提前准备，做好应对预案。创业者承担风险不仅仅要面对失败的危害，重要的是要先做风险研究，再做决策，从容面对可能出现的不利情况。

10.培养决策能力

创业者决策包含决定和选择两方面任务，决策有两种方式：一是靠直觉作出决策，这种能力源于在实践活动中的经验积累；二是靠科学方法作出决策，需要掌握一定的理论，遵循必要的程序。决策能力体现在对问题的界定、挖掘问题产生的各种原因、制订解决问题的方案、对后续影响的判断以及良好的执行能力等。

11.优秀领导力

领导力是一种影响力，是领导者影响群体实现目标的能力。领导者要有很强的个人魅力和感召力，有道德能树立良好的榜样，有能力并获得良好的工作结果，有态度公正而诚实地对待他人，有技巧善于倾听并尊重他人的观点，人际关系处理得当并能保持下去，管理方法科学高效且具有合作性，好的领导还需要是个热心人，具有团队协作精神。

（三）大学生创业精神

坚定大学生创业信念，培养大学生创业精神，可从以下几个方面进行：

（1）通过建立校园创新创业文化，营造文化氛围，塑造大学生的优秀创新创业品质，提高大学生的创新创业热情。

（2）培育大学生创新创业人格，增强创业精神，使大学生始终保持自强自信、不屈不挠、勇于进取、坚持不懈的创业品格。

（3）勤于实验观察，树立创新意识，努力发现兴趣点，激发求知欲，培养创新意识。

（4）通过模拟实践，积极参与科研项目和竞赛培养创业精神，去学习、去运用、去反思，在实践活动中体验真实感受，强化创业意识，确立创新创业信念，明确创新创业风险。

（5）努力学习专业知识，掌握创新思维方法，构建良好的知识框架和结构。

三、创新思维

（一）敏锐的洞察思维

1.洞察思维

洞察能够发现事物内在的规律和意义。比如华为在美国对其采取限制之前就已经开始了自主研发鸿蒙系统，尽管公众对美国政府突然对华为的禁令颇感意外，但是对华为已经自主开发操作系统并已经具备在手机、平板、电视等终端应用的先见之明和未雨绸缪更为吃惊。这与华为总裁任正非多年对行业的洞察力紧密相关，几百篇公开的内部讲稿就是最好的证明——从华为的总部深圳、到整个中国，再到东南亚、非洲、欧洲、美洲，乃至于全世界范围的观察和分析，从研发、市场、服务到人力资源、战略，从物理学、化学、数学到心理学、哲学，从交换机、通信设备、移动终端到人工智能、物联网，从2G到5G历经的整个过程，仅仅只是公开的讲稿所涉猎的深度和广度就让人赞叹不已。任正非提出用物理学中的耗散结构来经营管理公司，用古人建造都江堰时的思想制定企业战略方针，正是这种跨领域、跨学科的思维方式，帮助华为提升了洞见行业本质和处理不确定状况的能力。

多数企业创新者都是积极观察者，观察现有事物的变化和异常，寻找可以改进的任务和更好的解决方式。美国著名设计公司IDEO的总经理汤姆·凯利（Tom Kelly）在他的著作《创新的艺术》中指出，创新始于对日常生活的观察，在看上去自然的东西上挖掘，慢慢就会有改变常规的能力，他以牙膏管、血压计、文件夹等举例如何观察习以为常的生活，并通过观察蛛丝马迹，与孩子交流，开展人性因素的观察等方式，发现各类商品和服务改进的可能和获得各种意想不到的见解。

几乎所有的商业创新都包含着对生活和世界的观察，如短短6年时间累计用户人数超过8亿人次的国内社交电商平台拼多多，在2020年活跃用户人数首次超过了淘宝，成为国内最大电商平台。试想，如果拼多多沿用淘宝相同的模式，毫无创新创意，想必也无法在淘宝、京东等各大电商的激烈竞争中脱颖而出，实现逆袭。拼多多创始人黄峥在多次访谈中被问及如何产生创立拼多多的创意和想法，他的回答耐人寻味："在家休息的时候，观察和思考到这么几个方面，第一个观察是看到智能手机出现以后对人们日常行为带来的巨大影响，特别是移动支付和畅通的物流体系逐步完善和进一步应用；第二个观察是团队原本做的游戏软件用户主要是面向多数男性和少数女性，而对于女性真正主流的游戏就是购物，并且大部分时候购物注重的是体验和感受，拼多多即是基于创始人团队已有游戏平台建设经验的社交电商模式（'拼'），加之将游戏化的快乐元素和购物体验（'多乐趣、多实惠'）找到一个较好的交叉融合点；第三个观察是社交平台使用时间越来越多的同时也带来了流量背后的巨大商机。"这种创新是基于对移动互联网如何影响和改变老百姓日常生活的深刻洞察，基于对女性购物行为和需求的观察和思考，当然也是一个将游戏从以男性为主的应用场景迁移到以女性为主的购物场景的一种创新方式。

2.训练要点

观察思维的培养是为了具备敏锐的洞察力，以帮助大学生具备在未来发现问题、寻找机遇或是察觉危机和挑战等的基本能力。如何培养观察思维，这里列举几种常见的方法。

（1）求同思维

学会比较和识别相同之处，如从两段新闻中，把出现过的有关"在线教育受欢迎"的相同原因归类，理出中美贸易摩擦中，哪些是中美两国认同的共同利益（这一部分是有可能达成的）。

（2）求异思维

比较两种相同事物的不同之处，如从两张相似的图片中找出几处不同之处、从两个相似的案例中比较不同之处、从两种相似的商业模式中比较不同之处、比较双胞胎的不同之处等。

（3）逆向思维

逆向思维是指站在当下情境的对立面，即相反的方向去看待问题，反向思考和看待问题。例如，当一件不算太好的事情发生时，不要只看到劣势，还要逆向思考想想。

（4）发散思维

发散思维是由美国心理学家J.P.吉尔福特在《人类智力的本质》中提出

来的，从流畅性、灵活性和独特性出发，提出从不同角度、不同层次、不同方向进行探索，从而提出新的解释原因、新的方法、新的结构、新的功能等，开放性是它的重要特征。例如，头脑风暴是较多使用的方法，如请在白板纸上尽可能写出互联网的作用，穷尽所有能想到的点，把它写出来，尽可能地发散，通常在寻找思路初期用得比较多。

（5）收敛思维

收敛思维与发散思维刚好相反，它是把不同角度和不同层次的信息聚集在一起，进行组织和重整，是一种将开放状的信息转向相对集中的状态。比如在发散思维之后，大家把所有跟大学生有关的点聚集在一起归类，也就是把焦点变成与大学生有关的所有信息，使信息得到聚集，这种方法在找问题、梳理观点时极其有效。

（二）较强的问题思维

1.问题思维

创新的本质是发现和解决问题，问题是激发创造性思考的重要导火索，有时候找到问题即是找到了通向更好解决方案的钥匙。国内著名经纪人杨天真在每一次面试公司新人的最后，都会向对方提问“你有什么想问我的吗”，如果对方回答说“没有”，她基本不会录用这个人。提出问题的背后是积极的观察，带着推陈出新的心态与对方不同的视角思考问题，刨根问底且常常是富有意义的提问。比如加拿大有家医疗公司专门研究采用非常规的方式使用常规药物，创始人威廉·亨特（William Hunter）首创了药物涂层手术支架来避免和预防血栓发生，区别于普通的支架生产商“如何才能做出更好的产品”，他的提问更指向造成原有问题的根本，“为什么手术会失败，是有何不良反应”，并且好的问题将帮助它们靠近更优方案，不断地追问和尝试帮助解决产品的痛点，造就了产品不断创新和迭代。[①]

之前所提到华为未雨绸缪自研芯片、自创系统的案例，缘于华为团队对

① 汪歙萍，熊丙奇.大学生创业[M].上海：上海交通大学出版社，2001.

于未来手机及通信领域发展变革下公司极有可能遇到的问题和假设所做出的充分准备。华为在至暗时刻下的海思公开信中可见，华为在多年前就开始做出了美国新进芯片和技术不可获得的假设，华为如何为客户持续服务并能继续良好发展，没有芯片和无法生产这是在极限环境假设下华为面临的最大问题，因此必须要有自己的芯片和技术，这才诞生了海思麒麟处理器。而鸿蒙系统则是假设华为原合作的谷歌系统不能正常使用，即使有了自己的芯片但没有自己的操作系统，手机或相应终端设备无法运行下的难题解决方案。

对现状质疑、对常识质疑、对产生原因质疑……主动积极地提问和打破边界是创新者的一种常态。正如PISA2021将要加入的创造性思维评价，其中解决社会问题和科学问题将是考核的重要标准，但是解决问题的前提是先要发现问题。阿里开创初衷是为了让天下没有难做的生意，网易最初创立考拉海购是为了解决跨境消费需求；网易严选则是通过ODM（原始制造商）的方式提供高性价比的商品，同样发现和解决性价比问题的公司还有无印良品、优衣库、名创优品等；而在新冠肺炎疫情下网络直播模式异常火爆来应对疫情对购物场所和环境人流限制或减少所产生的影响。在教育创新中，麻省理工的可汗面对解决如何让辅导的亲戚孩子们多人不同步在网上能够反复观看相应视频的问题，可汗最初是简单通过上传视频到YouTube的方式，而后为系统解决个性化学习问题，建立了面向全球免费的学习网站，录制上传视频，根据不同需求加入测试，鼓励及针对学生、老师、家长开设不同的网页通道等，问题往往是创新的指引。

2.训练要点

问题思维与观察思维其实是相辅相成的，有观察才能发现问题，发现不协调，发现不合理、不符合常规、不明确，进而有疑问，这里还是根据布鲁姆的6个不同层次的目标，从知道、理解、应用、分析、评估、创造出发探索如何提出有效的问题，这里以老年人和科技产品为例举例。

知道：从了解信息的角度提问题。比如问谁、什么时候、哪里，什么事情，怎样定义某件事名称或人名等。如老年人，多少岁可以被认定为老年人，科技产品是什么，老年人什么时候、在哪里可以使用科技产品等。

理解：从了解原因、运行机制、能够描述某件事物等角度提问题。比如老年人为什么要用科技产品，他们怎样用科技产品，他们使用科技产品的场景有哪些等。

应用：从某个情境的角度提问题。比如举例10个老年人和科技产品有关的场景。

分析：从区分和辨别不同特征角度提问题。比如为什么有些老年人会用科技产品，而有的老年人不会用，并将老年人细分为几类。

评估：从为什么喜欢、为什么不喜欢、为什么采取A措施、为什么不采取B措施等不同视角去提问题。比如为什么老年人会使用电话功能，但不会使用微信的语音功能，为什么老年人会看抖音，但是不会使用其他类似手机视频软件等。

创造：创造一个新的事物。比如创造一个可以像电话功能一样方便使用的快捷键，点击之后可以打开微信的语音，方便老人像使用电话功能一样，在无线网络的基础上，方便使用微信语音功能。

（三）迅速而充分的工程思维

1.工程思维

（1）技术思维

创新者往往能够迅速地拥抱技术，最新一轮的技术革命和创新在过去二十年得到了充分的场景应用，通过技术解决了产业链产品创新的痛点、爽点，移动互联网、人工智能、大数据与云技术使得人们生活更加智能，城市更加智慧。十几年前，国内不少城市就已经开始运营公共自行车，那为什么摩拜单车、哈啰单车还是有了进入市场的机会，因为移动互联网支付解决了共享单车想用但是不方便使用这一“最后一公里”的问题。原先公共自行车多需要到指定地点办理租借卡片，并交纳押金，因此，公共自行车一直处于不冷不热的状态。而摩拜单车等创新公司的创始人，借助移动互联网技术所带来的支付便捷性，释放了公共自行车潜在而巨大的需求。尽管由于自行车投放管理的问题给城市治理带来了不少负面影响，但是共享自行车的创意及其社会应用价值不容小觑。其他共享经济还包括共享汽车、共享充电宝、共享房屋、共享医疗新业态新模式等，均得益于各自领域共享技术的应用，使得闲置资源被充分利用。

创新者往往会充分地应用现有技术并将之发挥到极致。2007年，苹果公司用触屏技术和数码相机技术重新定义了手机，即手机可以分为智能手机和传统非智能手机。虽然一部轻巧的手机包含了几百个零件，产业链分布在全球几十个国家，产业链生产线上的专利也不全属于苹果公司，但是苹果公司却用全球惊人的销量、核心技术和资本基本统治了整条产业链，并且能迅速发掘和获得相关专利技术。数据显示，核心供应商中，美国供应商只能排第二，最多的供应商来自我国的台湾地区，剩下的供应商基本分布在欧洲地区，包括德国、芬兰、奥地利、荷兰等国家。除了自主研发新技术外，如何结合自身产品使得延续性技术得到充分利用，即对已经出现的技术在自身产品发挥最大价值，也是技术创新和应用的重要场景之一。

创新者应当视大数据技术应用为各类创新的必然选项，所有的创新公司都应视公司数据为重要的资源要素。数据的价值再怎么强调也不为过，通过数据可以发现问题，定量问题，并做好预测和解决方案。以算法为核心技术的新闻客户端今日头条APP获得的成功让传媒界目瞪口呆，字节跳动的张一鸣如果用网易新闻、搜狐新闻同样的技术方法，几乎是很难与以上这些大公司同质化竞争的，另辟蹊径在获取不同的客户数据之后，通过算法建立人与信息的联系，通过感知、记录用户的行为动作，计算用户的使用规律，经过大数据分析分发和推荐给相应的用户群体，是今日头条在众多新闻类APP中崛起的重要原因。在5G、人工智能、云技术、机器人和物联网的时代，任何创新都可以促进当前事物的创新发展，或是带来更好的用户体验，而在一个数据化的世界里，数据思维则是创新者的基本素养。

（2）探索的工科思维

工科是充分运用数学、物理学、化学等基础科学的原理，结合生产实践所积累的技术经验而发展起来的学科，工科思维的精髓所在是解决问题，与日常生活联系较为紧密、直面问题且十分具体，如修桥架路、工程建设等。工科思维也常常用来系统地解决复杂问题，问题难度越大，参与者的成就感越强，通常工程思维与创造性活动相联系，应用工程思维及所掌握的或观察到的事物、技术及方法，对现有事物进行探索、发现、改进和完善。

多数工程实验都是先提出理论和假设，再进行实验、分析和再验证等，从根本上来看是对反馈和迭代的处理过程，不仅需要工科背景，也需要具备工程建设中的设计思维、数据思维和系统思维等。细看全球创新公司的领袖，基本都有工科背景，如表6-1所示。

2018—2020年美国知名创新评价杂志《*Fast Company*》评选的前10家创新公司创始人的学习背景或公司进入创新榜的理由。这些公司创始人们所学专业大多数分布在计算机、化学、物理学、食品工程等工科专业，也有几位与设计接触紧密。设计思维是在工程设计中创造性设计时必要的一种思维方式，也是工科思维的体现。特别值得一提的是华盛顿邮报，自2013年亚马逊收购了《华盛顿邮报》，贝索斯领导设计了邮报的网站和APP，并开发了能够应用于数据挖掘和分析的软件，将报纸重塑成全新媒体，这背后也是一种工程设计的思维。

表6-1　2018—2020年《*Fast Company*》全球创新公司TOP10相关资料

2018 年	2019 年	2020 年
1.苹果 乔布斯：工科	1.美团点评 王兴：电子工程、计算机	1. Snap 斯皮格尔：设计
2. Netflix 里德·哈斯廷斯：计算机	2. Grab 陈丙耀：工商管理	2. 微软 比尔·盖茨：计算机
3. Square JackDorsey：软件程序员	3. NBA 线上直播	3. 特斯拉 马斯克：物理和经济
4. 腾讯 马化腾：计算机	4. The Walt Disney Company 走进线上	4. Big Hit娱乐 方时赫：作曲家
5. 亚马逊 贝佐斯：计算机	5. Stitch Fix 数据拯救零售业	5. Hacker One Jobert Abma：计算机
6. Patagonia 伊冯·乔伊纳德：铁匠	6. Sweetgreen 强调供应链来源	6. 饮料品牌 White Claw 安东尼·冯·曼德尔：食品饮料
7. CVS Health：医药	7. Apeel Sciences 罗杰斯：食品系统	7. Shopify Tobias Lutke：编程

续表

2018年	2019年	2020年
8. 华盛顿邮报：数字化转型 贝佐斯：计算机	8. Square（Terminal）Jesse Dorogusker：计算机	8. 线上设计平台 Canva Melanie Perkins：设计
9. Spotifl Daniel Ek：编程&音乐	9. Oatly Rickard Oste：食品 科学	9. Roblox Baszucki&Erik Cassel：工程师
10. NBA 多角度直接、NBA、AR	10. Twitch Justin Kan：工科	10. 医疗无人机Zipline Keller Rinaudo：文学/科学

2.训练要点

工程思维的落脚点在“工程”，是以“解决问题”为核心的思维方式。给一个问题找到一个解决方案，不管什么方式，只要能解决问题都是好的，目标是培养大学生解决复杂问题的综合能力和高级思维，在这里还要特别强调“复合”和“应用”。所谓复合，即动用所有习得的跨学科知识，整合已具备的各项能力和素质，集中力量解决一个问题，是知识、能力、素质的有机结合，并且能够厘清各种相互作用、相互依存的关系，通常是非线性的一种多元视角思考方式，体现了一种系统思考的能力。在课程设置中设计综合性实验和课程模块，往往会助推大学生复合型思维的生成。所谓应用，即运用工程思维发现和解决现实生活中的难题，只有积极参与社会实践，才能建立基于社会现实考虑问题的应用型思维，项目式、案例式、PBL等教学方式非常适用于培养工科思维。另外，工科思维特别强调假设、验证等一系列流程，强调用数据说话，以事实为依据，对于培养数字素养和实事求是的精神也是大有好处的，所以用数据分析问题、用数字化手段解决问题也是工科思维培养的常见方式。综上所述，以问题解决为目的，在教学中注重综合性、应用性、流程性、数字化是工科思维培养过程中的主要关注点。

（四）跨领域的迁移思维

1.迁移思维

迁移，顾名思义是从一个地方转移到另一个地方，必然会涉及知识、技术、能力或可转移的一切要素，在不同时间、不同空间、不同国家、不同产业或个人的跨界、跨领域转移应用。不同时间，比如2000年前的方法在当下或未来的应用；比如发达国家的先进技术或创意在我国的应用；比如行为学、心理学的思维方法在经济学的应用；比如同行业间苹果公司将诺基亚的触屏技术应用到苹果手机中。当然，这里隐含一个前提条件，就是假如把某种知识（观点）、方法或技术从A领域迁移到B领域，就必须熟知A领域该种技术应用的优劣势，并且对B领域是否能够运用该技术有一个基本的了解和判断，也就是跨学科视野。

知识和能力的迁移是一种重要的创新思维方法和能力，在富有创造性的公司和个人身上极为多见，最典型的就是特斯拉的创始人马斯克，他也被称为跨界达人，拥有多家公司，同时是SpaceX、特斯拉和太阳城三家公司的CEO。他擅长将人工智能、技术、物理和工程领域学到的基本原理迁移到应用领域，物理学背景出身的马斯克，常常将“第一性原理”挂在嘴边，看透事物的本质，并把事物分解成最基本的组成，从源头开始解决问题，这种思维方式帮助马斯克建立起了强大的思维框架。拼多多的创始人黄峥在思考创业模式时，想的就是如何让公司原有的游戏优势可以与女性市场相结合，于是，他成功将游戏技术优势和理念应用到面向女性市场的购物平台，打造出了一种创新型的网购模式。

迁移能力往往可以带来两个方面的创新，分别是相似性的模仿创新和结构性的系统创新。模仿创新，即学习成功做法并将之应用于目标领域的方法，腾讯创始人马化腾曾说过：“技术上的成功并不等于商业上的成功。我们不应该重复发明，而是要在其基础上开发性能更好或者价格更低的东西。”2000年前后，中国有一批善于迁移学习的互联网公司，QQ、优酷、新浪微博等的产品模式与国外同类产品在最初有较大相似性，但他们通过面向中国市场的产品开发和改良，至今仍是十分活跃的网站和应用软件。另一种创新是迁移后的跨界融合，使原有领域结构化得到拓展和深化。比如数字化技术迁移到旅游行业打造智慧旅游产品和服务，在线互联网技术迁移到教育行业，构建在线教育平台和课程，与模仿创新不同。这种迁移更多带来的是内部资源要素的重构，往往会诞生全新的产品和模式。

2.训练要点

跨领域的迁移思维本质上需要的是联想的能力。这里的跨领域包括时间、空间、条件、对象、学科等的跨界。克莱顿·克里斯坦森等在《创新的基因》中提到，如果能积极练习发问、观察、交际和实验，就可以练出善于“联系”的肌肉，因而可以说联系是最需要经常练习的能力。那如何联系呢？除了建立时间、空间、学科等之间的联系纽带，还可以有一些实用的建议。

首先要以建立与生活实践的联系为突破口，助推大学生练就“联系”大脑肌肉。生活是最大最好的案例和项目集，鼓励大学生用所学去解释、分析生活中的实例，以问题为导向探究项目，将理论应用于真实的生活场景，解释、分析、评价，每时每刻习得联系。教师方面，自身也要增加实践经验，到企业挂职锻炼，能够在设计教学活动的时候，有一个丰富的情境假设，企业人员也可以一同参与教学设计，让大学生了解企业真实的问题，让大学生体验、扮演、沉浸在模拟情境中分析和寻找解决企业问题的思路。通过实验室模拟、校外基地实践，线上线下互动学习，定期组织安排大学生参观企业，接触第一线的行业信息，掌握最新动态，使大学生能够不断完善知识结构和经验，通过接触、分析、尝试解决企业真实的案例（就像硅谷和斯坦福）。大学生参加实践社团活动，可以以赛代学，要积极鼓励大学生参加创新创业大赛、创业计划等学科竞赛，通过大量的实习实践营造创新的环境，积累丰富的案例和项目经验。最后，大学生还需要广泛大量的阅读，使得联系能够更加广泛而深刻。

其次要让左右脑都能发挥出最大的潜能。教学过程中掌控理性思维的左脑训练通常是为了研究已知的内在规律，而与直觉、情感相关联的右脑则常常左右着探索事物之间微妙的联系。剑桥大学三一学院门口，有一棵不大的苹果树，已经成为著名旅游景点，一个苹果从树上掉下来，普通人可能只是看到了“苹果树上掉下来一个苹果”这样一个事实，而牛顿则将这个苹果的掉落与其他一些信息联系起来，最终发现了万有引力定律。公开数据显示，1665年，牛顿研究了音高、音阶和音色，留下了10页手稿，并且牛顿还首先提出了音乐与色彩的通感理论，算得上是创新者与音乐有关的一个人物案例。据说，爱因斯坦的相对论灵感也来自音乐，他本身也是小提琴的爱好者。因而，除了理性思维训练，为了进一步激发人的想象力和创造力，学校要提供和建构更多接触美育课程、体育课程的机会和氛围。

（五）底层的用户思维

1.用户思维

用户思维在20世纪90年代提出，即要围绕用户的需求为中心，重点不仅仅是吸引用户的目光和注意力，更重要的是满足用户的实际需求，改善用户的使用体验。克莱顿·克里斯坦森在《创新者的任务》一书中提出了“用户目标达成理论”，他认为创新具有较高的可预测性，通过整理已有资料、市场调研等方式获取更多的用户需求信息，而不是靠运气。

用户思维往往是一家公司产品经理的底层思维，以围绕着用户的衣食住行举例，电商解决了现阶段对“衣”的需求，外卖领域的美团、饿了么等在“食”的领域打通了“最后一公里”，Airbnb满足了短期租用房屋的需求，Uber、滴滴、共享单车让“出行”更为便利。游戏起家的网易公司凭借严选品质的产品和服务在不同的细分市场和领域不断产品创新，网易新闻客户端和网易手机游戏满足移动互联网时代的用户需求、为用户探索安全和高质量的农业食品建造了网易养猪场，为消费者扩大收听的广度和泛度的网易云音乐、网易考拉海购和网易严选是满足消费升级下老百姓对国外和国内商品的需求，作为中国领先的互联网技术公司，在网易数次开拓的业务线中也可以看出中国消费者的需求动向。

2.训练要点

用户思维，顾名思义是以用户视角看待问题的思维方式，其目标就是尽可能满足用户的需求并达成用户目标，从用户兴趣点、困难点、利益点出发，寻找在某一特定或不指定场景下根据不同用户的关注点，提供相应的解决方案。比如，金融专业的学生学习，第一，要想清楚未来的发展方向，是国内考研、出国，还是选择工作；第二，选定方向以后，对方的要求是什么，比如国内考研，目标学校的录取要求有哪些，笔试多少分数和排名能够进入下一轮面试，对个人素质的要求是哪些；第三，围绕着这些目标，这些目标其实是你的“用户”向你提出的，当你达成和谐目标时，“用户”就会选择你，出国、工作也是同样的思路。所以，用户思维大致可以总结成这么一个过程，明确对象用户，分析用户需求（兴趣点、困难点、利益点等），连接相应用户，提出匹配相应用户的解决方案，不断地实验和迭代开发，提升用户体验，完善解决方案。

四、创新精神

创新者除了要具备洞察思维、问题思维、时代协同思维、工科思维、技术思维、跨领域的迁移思维、用户思维等创新思维外，还要具有创新精神或是企业家精神，这也是创新能否产生并成为一种创新实践的关键。美国积极心理学家米哈里·契克森米哈赖对几十位卓越的创新实践者和十几位诺贝尔奖得主深入访谈之后，发现创造力人才有10种复合型特质，分别是精力旺盛但懂得劳逸结合，聪明且保有天真，爱玩但有纪律原则，能够在想象、幻想和现实中自由转换，有时内向有时外向，谦逊而又骄傲，男性比同类男性更敏感，女性比同类女性更坚强，反叛而又独立，热情但客观，坦率但敏感。

创新者们展露出创新精神主要表现为超凡的勇气、敢于冒险的精神、强烈的好奇心、极强的执行力、非同寻常的专注力和竭尽全力的勤奋和努力。尽管这些特质并不是在同一个企业家或者创新实践者上体现，但如果具备上述的创新思维加之任何一种创新精神叠加都能有超强的创新能力。如“问题思维+执行力”能帮助企业或组织尽快处理和解决问题，“工科思维+冒险精神”往往能有新的设计、程序或作品出现，“迁移思维+好奇心”往往会有融合创新或者系统性创新，“用户思维+专注力”很有可能造就隐形冠军，任何思维与勤奋和努力相结合，成功的概率就会大一些，以上仅仅只是创新思维和创新精神“1+1”的叠加，如果是“1+*N*”或是“*N*+1”，或是“*N*+*N*”，即具备多种创新思维的能力和具有丰富的创新人格。比如49岁的埃隆·马斯克，几乎具备以上列举的所有创新思维和创新精神，因此，他同时创办多家极富影响力的创新企业也就不足为奇了。

勇气是敢于行动的勇敢和毫不畏惧的气魄，当创新者拥有了勇气，也就迈出了创新的第一步，创新不仅要向外探索，也要向内探寻，正如苹果创始人乔布斯所说，要有勇气去倾听内心和直觉的指引，勇气意味着能够拒绝默认选项。创新创业是需要勇气的，因为创新往往意味着与他人的与众不同甚至颠覆，无数次内心的彷徨，面临选择时的痛苦，有时也有家人朋友的不理解和指责。缺乏勇气往往会使企业陷入窘境，柯达发明数码相机技术却因为只考虑短期市场占有率和利润，没有勇气自我革新，走上了破产的命运；诺基亚发明了触屏技术，也没有勇气在手机领域自我转型升级，也失去了原有的行业地位。两者都是具备创新思维，即专业实力和基础，恰恰是因为缺乏挑战自我，从零开始的勇气，反而错失了最佳的市场风口和时机，在原有领域被时代所淘汰。

勇气往往是对梦想或内心世界的回应，为创新行为带来了一种强大的内驱力。2020年，中国吉利汽车旗下沃尔沃的全球销量相比2010年翻了一番，中国地区的销量也是原来的5倍，是跨国并购中人和技术实现充分融合的重要体现，而这场跨国并购就是被称为汽车界“蛇吞象”的吉利并购沃尔沃事件。2007年，李书福第一次去美国底特律谈判的时候，遭到福特高层的明确反对。在数年后的一次访谈中，李书福解释，早在收购的8年前，吉利基于对国内外形势和格局的判断做好了未来收购的部署，尽管遭到内部不少人的反对，但是内心对自由参与汽车工业的全过程，参与研发、自由、销售等自己造车的向往驱使他即使排在国内第10位，但仍然有敢于收购沃尔沃的勇气。李书福曾说，他做好了收购失败的准备。由此不难看出，这份勇气的背后是执着，是坚定，也是中国汽车工业对未来的信心。

（一）冒险精神

1.冒险精神分析

冒险精神与勇气有较大联系，有冒险精神的人也一定是有勇气的人，比之勇气，冒险精神似乎更多了一点风险，如果说勇气需要更多的是尝试，那冒险更意味着挑战和机会。冒险往往是从0到1的探索，由大到小，从国家、企业到个人都适用。向外探索海上世界的冒险精神，让英国真正成为海上霸主；打造火星人类基地的马斯克，仅凭SpaceX公司构建全球星联网，让地球上的任何一个地方都能接通互联网。1995年的一个晚上，一个大学英语老师邀请了自己的几位朋友在家，向他们表示他要辞职创业，遭到了大家的反对，劝他不要涉及他们听也听不懂的互联网，但是马云最后还是毅然辞掉教师的铁饭碗，从中国黄页开始实现他“让天下没有难做的生意”的梦想，这在当时绝对是一种极其冒险的行为，但对于在创业前期的企业家而言，这无非是将按捺不住的热情和梦想付诸实践罢了。

冒险精神是让创新者找到自己的多个可能性，其本身也是一种创新，既然称之为冒险，少有前人的经验可以直接参考，或者如同不“冒险”吃一下榴莲不知榴莲的真正滋味，不吃一下螃蟹也无法知其味美。青年钢琴家郎朗在一次面对小学生的公开课中谈及，“我不希望自己固定在某一种风格里面，我们还是不要给一个固定的模式，一定要什么都试一下，试完我们才能知道到底有没有这种可能。如果你自己都不相信自己，都听别人说你就只能弹这个，那你什么都弹不了”。对未知世界的恐惧是人的本能，冒险精神算得上在尝试创新时对抗畏惧和胆怯的武器。与马斯克相似，英国维珍公司的创始人布兰森也是一位冒险家，他常常坐着热气球环游世界，挑战极限，他说每次的冒险尝试都增加了他从事商业的乐趣，学会了如何更好地变革商业。

2.训练要点

冒险精神、游戏精神是创新突破和持续的动力。挑战和试错是创新的基本路径，最终的落脚点主要还是在课堂。一是要在传统的课程中落实冒险精神、游戏精神的培养，课程在人才培养中的作用之一就是精神的培育，包括挑战、冒险、竞争、自我拓展等；二是探索开发培养冒险精神的课程，学校可根据学校场地情况，选择适合的项目，或与当地校外拓展基地合作，在保证安全的情况下，让大学生得到真正的体验和锻炼；三是在实验实践类课程中强调试错精神的可贵。特别是实验课程，往往带有试探体验性质，如果大学生能在实验过程中不怕犯错，敢于用不同的方法尝试甚至是新的方法去实现实验目的，本身就是自我迭代更新，是一种勇于创新的表现。笔者所在高校的实践达到48个学分，已占到总学时的30%，并且分布于每个学期，循序渐进地在实践课程中积累试错、冒险的经验，将为创新打下扎实的基础（见表6-2）。

表6-2　评价课堂是否有利于培养冒险精神

评估工具	指标
教学目标	是否涉及冒险、挑战、自我拓展
教学过程	是否鼓励质疑、试错、挑战，并且对错误较为宽容
学生作品、作业	是否鼓励与众不同、天马行空、鼓励超出日常的答案

（二）好奇心

1.好奇心分析

好奇心与问题意识紧密相关，一方面，企业创新者是为了自身的好奇心而探索更好的解决方案，另一方面，企业也需要满足用户的好奇心，这是推动创新发展的原动力。北京十一学校的历史名师魏勇老师有一次到美国交流访问，在访问当地的一所公立学校，听了各个领域12次课后，魏老师发现——如果完全按照知识目标达成度去评价，几乎所有课的老师在知识容量和落实上都很少，但是课堂参与和学习兴趣的调动是国内大多数课堂远不能企及的。很明显，课堂活跃的背后是对学习好奇心的充分唤醒，从长远看，有人引导带路的学校教育毕竟不可能贯穿人的一生，更多的是需要大学生对学习、对生活永葆探索的好奇心，从而就有了持续学习的动力，不断追求自我超越的学习习惯。

有好奇心的创新者永不停歇。每个人或多或少都会有疑问和好奇，有的人想过就算了，而有创新精神的创新者会一直追问和探究下去，直到找到暂时满足的答案。如果算得上是商业好奇心，那么付诸实践的解决方案本质上就是一种创业行为。2020年，盲盒市场大热，购买盲盒除了享受收集的乐趣外，开启盲盒一瞬间也是对自身好奇与期待的一种满足，这是一种有关好奇心的商业创新。

2.训练要点

好奇心是对未知事物的探索倾向，是一切创新的起点。除了实施一些教学策略以外，鼓励和保护好奇心指向关注个体发展的真实需求，开展“以学生为中心”的个性化教育和实行导师制等方式是现阶段大学保护好奇心的重要选择，它不是传统教育模式的补充，而是日常教育的重要组成部分。特别是在“互联网+大数据+教育”时代下，教育部积极推进在线开放课程建设，鼓励师生用好各个线上平台，努力提高教学效果。

线上平台的使用，留下了大量的大学生学习行为数据，可供教师总结和分析每个大学生的关注点、特长，以形成大学生画像，以便于采取一些助推大学生好奇心的有效措施。另外，探索推行导师制度是重要的尝试和实践，比如对每个导师的性格、特长、科研方向等做一个分组，老师与大学生双向选择，尽量让每个大学生都有自己的导师甚至导师组，并且可针对大学生产生的相应问题或需求，及时给予帮助解决。大数据和导师制都是为了挖掘大学生的兴趣，帮助大学生找寻自己，定位自己，规划自己，尽早发现创新点，以点带面挖掘创新力（见表6-3）。

表6-3　评价课堂是否有利于培养好奇心环境参考

评估工具	指标
教学目标	是否能够激发好奇心和求知欲
教学过程	是否鼓励倾听、表达、提高、质疑、挑战……
学生作品、作业	是否认为任何答案都是有趣的，大学生是否对学习有疑问

（三）执行力

1.执行力分析

这里的执行力强调更多的是制定目标后创新计划、构想或是项目落地的能力。执行力是说到就做，让创新免于空谈，这背后还包括面对阻挠的积极果敢、判断力，敏锐的反应和及时的纠错能力。马云在与众好友说了Internet计划的第二天就向学校提交了辞职申请，吉利汽车在沃尔沃出售时积极参与竞标，践行着几年前让中国汽车产业改变世界汽车工业格局的构想。相比于其他几种创新精神，执行力更多考量相对来说更容易些，它更多的是看行动是否达到了预期的目标，创新方向正确需要狠抓执行，走错了方向则需要及时调整。总而言之，可以说执行力让创新企业和企业家有了“梦想照进现实”的可能。

2.训练要点

执行力，简单来说是指的是贯彻战略意图，完成预定目标的能力，关键在于确定目标后，设计达成目标的方案并且能够做到切实履行，没有执行力，创新就不可能推进和落地，高质量人才培养的关键在于目标与路径的达成度和完成度，且往往建立在推崇创新的理念之上。培养和提高执行力，非常适合师生配合共同提升，可以从以下几方面着手。

首先，建立起“完成度”的意识，执行的意愿与态度是执行力实施的动力。要建立成果导向的文化，就需要师生共同的努力，比如一起建立课程学习目标完成清单，摆脱焦虑，建立自信等。

其次，执行力要跟得上创新的意识，执行的能力是执行力基础，学习如何制订合理的计划并改进执行方案和方法，学习时间管理、精力管理以持续提高执行力，比如利用PDCA循环法（即Plan计划、Do执行、Check检查、Act处理）持续推进工作，学习如何抗干扰远离手机，反思过于追求完美的拖延等。

最后，重视执行系统的明确性和清晰度，比如可检查项目实施过程是否兼顾系统性、流程化、明晰化、操作化，任务难度和完成时间是否安排得当，通过可视化、可量化系统提升执行力。

（四）专注力

1.专注力

无论是企业还是个人都要有定力，当所具备的时间、金钱、情感等资源投入都是有限度的时候，意味着需要合理地分配注意力以确保在核心竞争力上有最大程度的积累，这对创新活动的成败和效果影响较大。截至2021年3月，全球最大的汽车玻璃制造商福耀玻璃市值将近900亿元，它在中国国内市场占有率在70%左右，在全球占有率也超过20%。“如同看书喜欢把一本书翻烂、吃透一样，我对玻璃情有独钟。”创始人曹德旺如是说。

不随波逐流，三十年只做一块玻璃，精益求精，有匠心是福耀的核心价值理念。2020年末，福耀对外公告了一项专利——“一种加热车窗玻璃”。该专利摘要显示“本加热车窗玻璃的优点在于能够稳定地接收信号，在加热的时候玻璃加热区域的温差较小，而且能够同步对雨刮器静止位置进行加热”。如果说勇气和冒险让创新有了机会和可能，专注力则是帮助创新企业走向专精特新、隐形冠军的关键所在。因而，创新企业和企业家也都需要专注力。①

2.训练要点

专注力也意味着深度思考、学习和工作的能力，尽早掌握这项能力对大学生毕业后的工作极为有利。在碎片化信息爆炸的当下，在竞争激烈的高阶领域，决胜的关键不仅在于知识的多寡、勤奋的程度，更在于是否具备深度思考的能力，通过专注力用深度思考链连接一切，是未来最有价值的认知升级与自我精进的模式，是最具竞争力的优势。

没效率的任务往往会降低办事情的能力，专注力本质上是一种精力管理，可以作为职业素养相关的课程让大学生选修学习。同时，授课教师、班主任有意识地将专注力训练加入课堂教学和大学生发展培养的过程中去。培养专注力大致分为以下三个步骤：第一，找到专注的目标，比如王同学先按重要程度排序，找到“在大四的时候拿到ACCA的证书”是她大学期间最重要的目标；第二，根据二八定律，将80%的精力尽量都投入这一个重要目标中，并限定好完成时间，有意识地从时间的角度迫使自己进入学习状态，尽量拒绝一切与目标无关，意义不大并且消耗时间精力的任务；第三，围绕目标设定的完成步骤尽量细化可度量，比如遵循“SMART”原理，S（specific）、M（measurable）、A（attainable）、R（realistic）和T（time-based）。还是以上述案例举例，为了大四能考出ACCA证书，现在距考试还有多少个月，或者多少天，每天完成多少个考题测试或是单词记忆，定的目标是只要努力基本是可以实现的，一定要引入截止时间，在最初设定目标后就将目标细分，并标明好完成时间等。还有一些，也很管用，比如调整好生物

① 王庆洲.大学生创业与就业指导[M].天津：天津科学技术出版社，2019.

钟，使自身有充沛的精力可以持续投入；还有就是要注重反馈，复盘自己的行为，看看自己是否聚焦和专注。

（五）勤奋和努力

1.勤奋和努力

长久的创新是需要持续经营和倾情投入的。苹果公司的CEO蒂姆·库克坚持每天4点起床的作息习惯一直广为流传，2021年年初，在一次与中国网友的对话中得到证实并解释是为了有健身时间以保持精力充沛。马斯克说特斯拉要想生存下去，长时间工作是必要的，在他看来一周80小时的工作时间是可持续的，在特斯拉增产的时候，他曾经每周工作120个小时，也就是大约每周平均每天工作近17小时。美团的王兴在创业初期，每周工作超过100个小时。字节跳动的张一鸣刚进入职场时基本上在每天都是半夜才回家，回家后还继续编程到很晚，并且还时常帮助其他部门的同事，在工作中投入了大量的热情和精力。

在信息全球化而又重视知识产权的今天，独一无二的创意要落地，有时堪称与时间赛跑，创新企业只能一刻不停地高效工作，尽可能保持市场地位和占有率。比如，苹果公司每年秋季都会有包括iPhone在内的新品发布会，这背后是产品、技术、营销等团队几个月甚至几年几十年的持续努力。在全球带薪假期最多的八个国家中，前七位都是欧洲国家，在近几年全球创新公司排行榜前10位的第一梯队中，很难看到欧洲国家的身影，这与欧洲在高福利制度下过于注重假期和个人享受，民众工作的热情和斗志不强不无关系。当然，连轴转且毫无休息的工作并不是创新者的最佳选择，万科创始人王石曾在一次论坛里分享在以色列希伯来大学访问期间的感受，他总结重视“休闲”时间用以思考和寻找灵感是以色列善于创新的原因之一。因而，创新强调的勤奋和努力不是指无休止的工作，更不提倡牺牲个人健康、家庭成为工作“狂人”，而是强调把握时机及倾情投入的认真态度。

2.训练要点

“天才”是训练的产物，要成为大师其实是有路径可循的，那就是刻意练习。心理学家和科学家安德斯·艾利克森与罗伯特·普在他的畅销书《刻意练习》里告诉世人一个道理，我们平时如能运用刻意练习的原则，必将能跨越障碍，达到我们自己的目标。一万小时定律正是这种找准目标加坚持努力后最终突破定律。历史上有意识创新的重大发明，很多都是在无数次实验失败之后，最终获得成功并能够有发明创新，在无数次练习中，发现事物的规律，因而勤奋和努力是许多场景中创新发生的前提。

这种创新能力培育基本有几个特点，一是发生在舒适区外，有一定难度，需要付出大量时间和精力才有可能成功，在教学中老师可以设定有一定工作量和难度的作业，以助推大学生在通过努力后能够完成，这也能给大学生增加成就感、自信心，激发其创新的热情，并使其深刻体会勤奋和努力的汇报；二是带有目的性的，低效无意义的勤奋和努力，不但不会带来成功，反而会消磨意志，迷失方向，逐渐丧失信息，因而找准方向是勤奋和努力的准备工作；三是及时跟踪反馈，复盘成果与目标的达成度，比如制定“Todolist”，每次努力之后，根据效果来衡量与目标之间的差距，帮助找到突破口和方向，以确保努力的价值和可持续性（见表6–4）。

表6–4　评价课堂是否有利于引导大学生勤奋和努力参考

评估工具	指标
教学目标	是否有清晰、明确且具体的任务和目标
教学过程	是否引导大学生把注意力集中在学习任务上；是否刻意练习
学生作品、作业	教师是否给予及时准确的反馈，是否不在舒适区

五、创业特质

创业是一个发现捕捉创业机会，提供改良产品或服务，实现价值增值的过程。创业能否成功，与创业者个人密切相关。

科林·巴罗在《小型企业》一书中提出小企业需要具备六个特质。①全身心投入，努力工作；②接受不确定性；③身体健康；④自我约束；⑤独创性和敢冒风险性；⑥计划与组织能力。

唐·多曼在《事业革命》一书中提出了创业者的5种人格特征：①愿意冒风险；②能分辨出好的商业点子；③决心和信心；④壮士断腕的勇气；⑤愿意为成功延长工作时间。

第姆·伯恩在《小企业创业蓝图》一书中提出了对创业者、企业家的四点建议：①信心；②专门知识；③积极主动的态度；④恒心。

著名管理专家威廉·拜格雷夫认为优秀的创业者需要具备10个要素：①理想（Dream）；②果断（Decisiveness）；③实干（Doers）；④决心（Determination）；⑤奉献（Dedication）；⑥热爱（Devotion）；⑦周详（Details）；⑧命运（Destiny）；⑨金钱（Dollar）；⑩分享（Distribute）。

通常而言，一位优秀的创业者需要具备以下特质。

（一）拥有积极的创业动机

成功的创业者要有改变的激情，要有改变世界的渴望，并有清晰的远景规划，能够制订行动规划。创业的愿望不能局限于对物质的追求和对成功的渴望，这样的创业动机会影响创业目标的制定，最终会导致创业失败。在明确动机后，需要组建创业团队，管理创业团队，尽快实现概念的产品化、市场化。

（二）提前把握市场机遇

优秀的创业者、企业家能够在市场形成出现之前看到市场机会，能够找到正确的市场模式。市场机会需要在大部分人发现之前准确把握，需要在不确定性因素较多的情况下开始准备活动。

（三）拥有坚定的创业信念

创业者要坚信自己的创业设想，否则就没有人追随你，就不会成功地组起团队一起前进。创业者必须展示出极大的确定，让别人相信创业项目一定会成功，创业者需要阐述自己正在做什么，清晰地表达自己的想法，描绘创业蓝图，谨记："我不确定我可以做这个，那么你会对它感兴趣吗？"

（四）提前做好市场分析预判

创业者把时间、精力和资金财富都投入创业中，需要了解市场规模、发展潜力、行业竞争和可能遇到的困难，明白创业该做什么，项目如何具体执行落实，如果无法把握细节问题，创业活动将无法进行，更无法成功。

（五）创业者要做好表率

除了能清楚表达战略思想和目标以外，优秀的创业者还要能起到表率作用，做到率先示范。如果创业者没有全身心投入，付出的时间、精力、资金等都不足，那就没有树立好创业榜样。如果创业者把个人利益与创业活动深度绑定，全情付出，更加努力地工作，那么团队成员就会在其带动下乐于奉献，把事情做得更好。

（六）成就创业团队与成员

创业项目的成功并非创业者自己的成功，是创业团队的成功，是每一位成员努力的结果。创业者要有培养人才、信任人才、敢于用人的雅量，认可团队成功，不与团队成员争功。优秀的人在一起才能取得成功，好的项目、好的公司都需要优秀的人才和优秀的团队参与其中。

（七）善于听取建议，做出合理决策

"兼听则明，偏听则暗"。创业者要具备从不同角度听取意见，获取信息，并进行分析做出对策。这个过程关键是要有足够多的信息作为决策依据，但创业者不可能掌握所有决策所需要的信息，这就要求必须具备尽快弥

补错误，重新整合资源的能力。作为创业者既要广纳谏言，也要明智决断，不接受别人的意见和全盘接受都是错误的。

（八）持之以恒，永不放弃

成熟企业有较为充足的人力资源、资金资源的储备，可以保证企业生存，而新创公司的成功关键是要有创意的想法、有实现它的人，还有坚持创意的精神。创业活动具有高风险性和极大的不确定性，成功的创业者遇到问题时要毫不退缩，时刻思考如何攻克难关，坚持寻找解决办法的人。创业者是非凡的，具有较强的创业精神与意志。

第三节　大学生创新创业能力提升的路径

我国已进入高质量发展阶段，社会结构和生产方式发生了深刻变化，这种变化打破了原来稳定的教育体系，之前与之不适应的内容就必须进行变革。尤其是随着科技的快速迭代发展，一些产业淘汰出局，新兴产业如雨后春笋。随之带来的，是一些岗位和职业内容的巨大变化。因此，高校教育必须通过识变、应变和求变，加强创新型、应用型、技能型人才培养，以改革创新获得适应时代的发展新空间。①

① 吴小平.重视适应型双创人才培养[N].江西日报，2021-12-08（010）.

一、大学生创新创业能力培养的具体路径

（一）激活大学生双创意识

要通过营造浓厚的双创文化氛围，打造双创社团、组织开展双创活动，以此激发大学生的双创兴趣、激活大学生的双创意识，引领、带动大学生积极参与双创活动，实现双创教育全覆盖。学校要加强顶层设计，出台激励政策和学分置换政策，鼓励大学生积极投身双创实践，将创新成果与专业知识有机结合，以提高大学生参与双创的积极性。要拓宽交流渠道，以社团组织为媒介，通过专题培训、创业讲座、头脑风暴、“一对一”师友计划等形式，为有创业意愿的大学生提供信息共享、合作交流的平台，在互动交流中提升创新思维和双创素养。

（二）增强大学生双创能力

培养更多一流双创人才，关键是要建设一支高素质、专业化双创教师队伍。要加大“双师型”教师培养力度，注重校内培养与校外兼职相结合，在建设校内专职双创教育队伍的基础上，设立一定比例的流动岗位，聘请各行业优秀人才，担任专业课、创新创业课授课或指导教师，同时，择优培养大学生创业典型担任“创业小导师”。大学生要主动适应新形势下高校创业教育发展的需要，建立健全具有双创教育特色的专业课程体系，优化双创课程设计，实现理论教学与实践教学有机结合，深化专业教育与双创教育有机融合，增强大学生双创能力。

二、大学生创业就业路径

（一）构建可扩充与延展的大学生创业就业指导方案

高校作为培养人才的主要阵地，需与现实背景进行对接。在“双创”人才培养视域下，高校应构建可扩充、可延展的大学生就业指导方案。根据市场人才需求，动态更新教学内容，并及时融入最新的教学理念与育人经验。

根据大学生所选择专业的发展情况，不断地对大学生创业就业指导方案进行优化与完善。必须保证人才培养的灵活性、时代性与指导性，助力大学生真正具备创新创业的能力，以及较强的社会适应能力。扩充性与可延展性，既要体现在大学生就业与创业能力的提升上，还需根据大学生的职业发展需求，及时指导他们进行科学的人生规划。教师应对大学生的价值观进行积极引领，确保他们对就业的领域、创业意义等建立正确的认识。

教师需在思想层面、行为层面对大学生进行指导，使他们对自身能力建立正确、客观的认识，在此基础上，引导其进入适合的领域与岗位奋斗。因此，教师面向大学生开展的就业创业实践指导，应秉承适应性、适合性原则。即教师既要确保大学生就业岗位胜任力，令他们能获得良好的就业，还需强化其创新创业意识与能力，使大学生成为促进社会创新发展的动力。教师根据大学生的成长特点、职业发展规划等，或融入、或增补新的知识与文化，以此确保大学生更加科学地规划自己的人生。

（二）构建良好校园环境，激发“双创”活力

创新创业活动的顺利开展与实施需要良好的校园环境氛围，这也是推动大众创业与万众创业的重要保障。要通过多样化路径把握当下各行业领域创新创业中呈现的具体情况和现实问题，把创业者在创业和创新两个层面的情况区别开来，提出有针对性、可行性的政策措施。

各级政府及相关部门要明确自身职能作用，善于利用现代化技术手段，积极推进政策制度的建设和实施，构建“大众创业、万众创新”的良好政策

环境。借助政策红利，优化完善市场环境，简化行政审批流程，加大监督管理力度，提升市场服务的意识与质量，优化和建设创新创业环境，有效促进就业、创业以及创新，并激活创新创业的活力。①

（三）深化人才队伍建设，加强自主创新

创新创业活动人才是关键，人才驱动是创新驱动的实质，要将人才资源放在“大众创业、万众创新”的关键性位置，要从人才活力激发、人才创业支持、人才体系培育等方面完善对于人才队伍的建设和保障。加大高等教育发展力度，建立多样化的人才培养模式，营造良好的人才环境氛围，提高对人才的重视程度。

（四）深化探究“双创”新模式

建立创新创业模式既是一个改革尝试的过程，也是一个摸着石头过河的过程，更是创新驱动发展战略实施中不可忽视的重要方面，直接关系到创新创业活动能否顺利开展和实施。这个模式的探究，不是某一个主体能够单独完成的，需要各参与者包括政府、企业、创业者等共同参与，要借助现代化技术平台，从理论和实践两个层面入手，探究创新创业新模式。创新创业活动，是一个需要在实践中学习，在实践中总结的过程，所以创业与创新试验区、示范区建设是关键点，要针对地区创业与创新具体情况，把握自身的优势与劣势，抓住发展机遇，大力建设试验区，在先行先试中不断探究创新创业模式机制，从产业转型、产业基金、制度保障、投资体系、方针政策、法律条例、规章制度等方面不断优化。

---

① 王春燕，华霞.就业与创业指导[M].南京：江苏凤凰科学技术出版社，2018.

参考文献

[1]陈梦薇，刘俊芳，李晓萍.生涯规划与职业发展[M].南京：东南大学出版社，2015.

[2]陈宝凤.大学生职业生涯规划[M].哈尔滨：黑龙江大学出版社，2016.

[3]陈志斌.大学生职业生涯规划[M].双色版.上海：上海交通大学出版社，2021.

[4]迟云平.职业生涯规划[M].广州：华南理工大学出版社，2019.

[5]崔邦军，薛运强.大学生入学教育与职业发展规划[M].北京：北京理工大学出版社，2018.

[6]方伟.大学生职业生涯规划咨询案例教程[M].北京：北京大学出版社，2015.

[7]曹洪军.普通高校本科毕业生就业的专业结构性矛盾研究[M].南京：南京大学出版社，2013.

[8]方志勇，邵天舒，金伟林.职业规划与创业就业指导[M].北京：经济科学出版社，2022.

[9]高静，吴梦军.迈向职场成功之路：职业发展与就业创业指导[M].济南：山东人民出版社，2015.

[10]高嵩.美国社会经济转型时期的就业与培训政策[M].北京：人民出版社，2011.

[11]龚芸，辜桃.大学生职业取向与职业规划[M].北京：中国社会出版社，2017.

[12]顾雪英.大学生职业生涯发展与管理[M].南京：东南大学出版社，2013.

[13]姜相志，吴玮.新编大学生就业指导[M].哈尔滨：哈尔滨工程大学出

版社，1999.

[14]蒋德勤.大学生创新创业基础[M].北京：中国商业出版社，2020.

[15]李翠，尚金舟，席东欣.大学生职业生涯规划与学生创新创业的融合与评价研究[M].北京：九州出版社，2021.

[16]李可依，毛可斌，朱余洁.大学生职业生涯规划[M].上海：上海交通大学出版社，2017.

[17]刘新玲等.大学生就业导航[M].厦门：厦门大学出版社，2000.

[18]刘玉升.大学生职业生涯规划与就业指导[M].苏州：苏州大学出版社，2018.

[19]马天威.大学生职业生涯发展指导[M].沈阳：东北大学出版社，2017.

[20]孟喜娣，王莉莉.职业生涯规划[M].北京：北京邮电大学出版社，2017.

[21]邱仲潘，叶文强，傅剑波.大学生职业生涯规划[M].北京：清华大学出版社，2017.

[22]任晓剑，姚树欣.大学生职业规划与创新教育[M].北京：国家行政学院出版社，2017.

[23]苏文平.职业生涯规划与就业创业指导[M].北京：中国人民大学出版社，2016.

[24]覃玉荣.职业规划能力提升与就业指导[M].上海：上海交通大学出版社，2014.

[25]谭顶良.高等教育心理学[M].南京：南京师范大学出版社，2018.

[26]谭禾丰.职业生涯规划与就业指导[M].北京：机械工业出版社，2016.

[27]田永伟，吴迪.大学生职业发展指导[M].北京：光明日报出版社，2019.

[28]汪歙萍，熊丙奇.大学生创业[M].上海：上海交通大学出版社，2001.

[29]王春燕，华霞.就业与创业指导[M].南京：江苏凤凰科学技术出版社，2018.

[30]王俊.职业生涯规划[M].南京：东南大学出版社，2016.

[31]王庆洲.大学生创业与就业指导[M].天津：天津科学技术出版社，2019.

[32]王晓庆，麻曦业.大学生职业生涯规划与就业指导[M].北京：北京理工大学出版社，2021.

[33]武林波.规划自我 启程远航：大学生职业生涯与发展规划[M].银川：宁夏人民出版社，2017.

[34]夏雨，李道康，王苇.大学生职业发展与就业创业[M].双色版.上海：上海交通大学出版社，2016.

[35]谢珊.新编大学生职业生涯规划与就业指导[M].北京：中国轻工业出版社，2017.

[36]徐凯.大学生职业生涯规划与就业创业指导[M].西安：西安电子科技大学出版社，2016.

[37]鄢万春，吴玲.大学生职业规划与人生发展[M].成都：西南交通大学出版社，2019.

[38]杨红英.大学生职业生涯规划[M].昆明：云南大学出版社，2015.

[39]杨晋平，楼琴.大学生职业规划与就业创业[M].北京：台海出版社，2018.

[40]于广东，鲁江旭等.大学生职业生涯规划与就业指导[M].北京：中国轻工业出版社，2016.

[41]张玉波，楼稚明.大学生职业规划与就业创业指导[M].成都：电子科技大学出版社，2020.

[42]张再生.职业生涯规划[M].5版.天津：天津大学出版社，2014.

[43]赵雪政，余少军，余金保.大学生职业生涯规划与管理[M].上海：上海交通大学出版社，2022.

[44]祝杨军.生涯教育的逻辑[M].北京：首都师范大学出版社，2018.

[45]吴岩.中国式现代化与高等教育改革创新发展[J].中国高教研究，2022（11）：21–29.

[46]杜玉波.推动高等教育可持续发展 携手共建人类命运共同体[J].中国高教研究，2022（12）：34–36+44.

[47]莫荣.如何促进高校毕业生就业缓解就业结构性矛盾[J].中国党政干部论坛，2022（03）：59–63.

[48]莫荣.就业优先战略的形成发展[J].中国就业，2018（12）：30–31.

[49]莫荣.新发展阶段要更好地强化就业优先政策[J].中国政协，2021（06）：28–29.

[50]尹蔚民.实施就业优先战略推进社会保障体系建设[J].紫光阁，2013（10）：29.

[51]蔡昉.为什么将就业优先政策置于宏观政策层面[J].企业观察家，2020（03）：82–86.

[52]曾湘泉.把握就业市场动向强化就业优先政策[J].群众，2020（24）：29–30.

[53]胡鞍钢，程永宏. 实行就业优先发展战略[N]. 中国劳动保障报，2002–06–22（004）.

[54]李长安. 做实就业优先政策夯实稳就业基础[N]. 中国劳动保障报，2020–01–04（003）.

[55]信长星.深入实施就业优先战略和更加积极的就业政策[J].紫光阁，2012（04）：7–9.

[56]杨宜勇，王阳，侯胜东. “十四五”时期强化就业优先政策体系研究[J].宏观经济管理，2021（02）：8–15.

[57]张车伟.十八大以来我国就业新特点和就业优先战略新内涵[J].人才资源开发，2017（19）：33–35.

[58]中国就业促进会. 正确理解就业优先政策置于宏观政策层面的内涵[N]. 中国劳动保障报，2019–11–20（003）.

[59]关长海，高曙先.我国高等教育大众化背景下的高校毕业生就业结构性矛盾探究[J].北京教育（德育），2009（10）：17–19.

[60]陆晓燕.破解就业结构性矛盾，高校如何发力[J].人力资源，2021（22）：122–123.

[61]高雨菲.产业转型升级中的就业结构性矛盾问题探析与对策[J].中国就业，2022（06）：46–47.

[62]贺腾飞，寇福明.我国高等教育人才培养理念七十年的创新与展望[J]. 当代教育科学，2020（04）：7–12.

[63]李静.职业指导在促进大学生就业工作中的重要性[J].创新创业理论研究与实践，2022，5（08）：100–102.

[64]刘丽红.加强大学生职业生涯规划指导实现精准就业[J].中国高等教育，2018（08）：44–45.

[65]李亚杰.大学生创新创业融资困境及对策研究[J].产业创新研究，2021（17）：157–159.

[66]史秋衡，杨玉婷.构建顶尖人才培养体系的特征与路径[J].中国高等教育，2022（07）：10–12+27.

[67]孙竞.大学生就业结构性矛盾及其破解路径——基于新就业形态的视角[J].教育探索，2022（09）：40–56.

[68]王洪才等.中国式高等教育现代化的多维思考与协同推进[J].高校教育管理，2023，17（01）：1–21+68.

[69]谢安邦.准确定位优化课程培养创新型人才——“高等教育战略规划与人才培养”研讨会综述[J].复旦教育论坛，2011，9（06）：74–76.

[70]徐斌，张继延.职业生涯规划：大学生社会主义核心价值观教育的现实路径[J].就业方略，2016（02）：79–81.

[71]于跃.“互联网+”时代大学生职业生涯规划教育及网络化建设借鉴[J]. 学术探索，2017（11）：145–150.

[72]张芳.职业生涯规划在大学生就业指导工作中的应用[J].就业与保障，2022（08）：169–171.

[73]赵梓丞，曹迎.大学生职业生涯规划指导存在的问题与对策[J].高等工程教育研究，2019（06）：114–117.

[74]茹秋平.我国大学生创新创业政策研究[D].广州：华南理工大学，2019.

[75]吴小平.重视适应型双创人才培养[N].江西日报，2021–12–08（010）.